真宗学シリーズ ❹

真宗教学史

信楽峻麿《しがらきたかまろ》

法藏館

真宗教学史　真宗学シリーズ4＊目次

第一章　真宗教義の原点……3

第二章　覚如・存覚・蓮如の真宗理解

真宗教学史

真宗学シリーズ4

装丁　井上二三夫

第一章　真宗教義の原点

一　真宗教義の要諦

親鸞が教説したところの浄土真宗の教義については、教法論、人間論、如来論、行道論、信心論、実践論、証益論など、多様な問題がありますが、ここでは真宗教学史の視座から、まず親鸞が開顕した真宗教義の要諦、中核としての、真宗における行道論と信心論、およびその実践論に焦点をしぼり、それらについて略説いたします。

そしてその親鸞が教示した真宗における行道論、信心論、実践論が、親鸞の没後において、どのように理解され、解釈され、変質して今日に至っているかについて、真宗教学史として概観することといたします。

二　真宗における行道論

1　〈無量寿経〉における行道思想

〈無量寿経〉において説かれる浄土の行道とは、そのもっとも原形としての〈初期無量寿経〉の『大阿弥陀経』によりますと、全部で二十四願を誓う中の三種の願文にそれが説かれております。すなわち、その第五願文は不善作悪者の道で、そこでは阿弥陀仏の名号を聞くことによって浄土に往生できるといい、第六願文は一般在家者の道で、そこでは出家者に布施し、仏塔を供養するなどの善根を修めることによって浄土に往生できるといい、第七願文は出家者の道で、出家して六パラミツの行業を修めるならば、浄土に往生できると説いております。そしてそのあとに、その成就文と見られる上輩者、中輩者、下輩者の三種の道が説かれております。

しかしながら、またそれとは別に、第四願文には名号遍至の願が、第二十四願文には光明遍照の願が誓われて、その成就文と見られる阿弥陀仏の果徳の文が説かれており、その「阿弥陀仏の声を聞く」者と、その「光明を見る」者は、ひとしく度脱して浄土に往生を得ると明かしております。そしてまた、その流通分においては「阿弥陀仏の声」を聞く者の利益を強調しております。

同じ〈初期無量寿経〉に属する『平等覚経』では、その二十四願文の中で、第十八願文は出家者の六パラミツの道を、第十九願文は不善作悪者の聞名の道を明かして、一般在家者の道が消滅しています。これは浄土教が仏塔崇拝の流れから、次第に独立していったことを物語るものでしょう。しかしながら、それ以外のところは、基本的には『大阿弥陀経』によく重層しているところです。

そして〈後期無量寿経〉においては、『無量寿経』と『如来会』は、ともに四十八願文を説きますが、その第十八願文は『大阿弥陀経』を承けて不善作悪者の聞名の道を、第十九願文は出家者の道を、第二十願文は一般在家者にして聞名の道を説いています。ここでは不善作悪者と一般在家者の道が、ともに聞名にもとづく道として語られているわけです。そしてまたここでは、その四十八願文の中で、十三種の願文において、聞名不退・聞名往生・聞名得益の功徳が誓われているわけで（『無量寿経』の第十八願文を含む）、ここではその行道において、聞名の意義、功徳が、きわめて高く評価され、主張されています。その点、〈初期無量寿経〉に見られた見光による往生の思想が後退して、もっぱら聞名の思想が強調されていることは、充分に注目されるべきことでしょう。

その〈後期無量寿経〉の中でも、もっとも後に成立したと考えられる、『サンスクリット本』によりますと、そこでは第十八願文と第十九願文の二願にのみ行道が誓われており、第十八願文は『大阿弥陀経』の出家者の道の延長として、また第十九願文は不善作悪者の道の展開として、説かれたものと思われますが、その二願とも、聞名にもとづく行道が明かされています。このことについても注目すべきところです。

かくして、この〈無量寿経〉における行道思想とは、もともとは不善作悪者の道として説かれていた聞名の道が、その思想的な展開にともなって、次第に重視され、強調されることとなり、ついには『サンスクリット本』に見られるように、その行道とは、ひとえに聞名の道として教説されることとなったわけで、この〈無量寿経〉の仏道とは、悪人の成仏をめざすところの聞名不退、聞名往生の道に帰結しているわけであります。

2　龍樹浄土教における行道領解

ところでこの〈無量寿経〉が説くところの聞名の道において、そこで語られる「阿弥陀仏の声を聞く」、という聞名という宗教的体験とは、いったいいかにして成立するものか、この〈無量寿経〉では何ら明確に語られるところはありませんでした。

そこでインドの龍樹浄土教において、その行道思想が注目、継承され、それが大乗菩薩道を修める在家者の行道として、詳細に解説されました。すなわち、「信方便易行」という道がそれで、そこではまず多くの諸仏、諸菩薩の名号を聞いて信受し、その日々において、礼拝《らいはい》し、称名《しょうみょう》し、憶念《おくねん》するという三業の奉行を実践していくならば、その深化、徹底において、ついにはその聞名体験、「阿弥陀仏の声を聞く」ということが成立するというわけです。そしてそういうまことの聞名体験においてこそ、心が清浄となって見仏することができ、ここにして「不退転地」（初地のさとり）に入り、「如来の家に生ずる」（現世往生）ことができると明かしております。

かくしてこの龍樹浄土教においてこそ、〈無量寿経〉に教説されたところの浄土教における聞名不退、聞名往生の道が、きわめて鮮明に開顕されたわけであります。

3　親鸞における称名・聞名・信心の道

そこで親鸞は、真宗の行道を明らかにするについて、この〈無量寿経〉に教説される聞名の道に注目し、またそれにかかわって開顕された龍樹浄土教の行道思想を継承して、『教行証文類』の「行文類」においては、真宗における行とは称名念仏行であると規定した上で、またその称名とは、私から仏に向かう私の称名であるとともに、その称名とは、諸仏の称名にして、さらにはまた阿弥陀仏の私に対する呼びかけの「声《ミナ》」（『大阿弥陀経』真聖全一、一四二頁、「真仏土文類」真聖全二、一二三頁）であるところ、それは私にとってはまさしく聞かれるべきものであるとして、真宗における行としての称名が、そのまま聞名となるべきことを教示しました。そして「信文類」においては、その聞名という事態について細かに解説して、私が申す称名念仏が、確かに阿弥陀仏の私に対す呼びかけの「声《ミナ》」と聞こえ、そのように体験、覚醒《かくせい》された時、その体験を信心ということを明示しました。

かくして、真宗における行道とは、龍樹浄土教における礼拝・称名・憶念なる三業奉行の教示を承けながら、私における称名念仏行、その私から仏への行としての称名が、そのまま逆転して、仏から私への呼びかけの「声《ミナ》」にほかならないと実感、領解された時、すなわち、称名が聞名となった時、その聞名体験を真実信心というと教示しました。

すなわち、親鸞の、

行をはなれたる信はなしときゝて候。又信はなれたる行なしとおぼしめすべし。（『末灯鈔』真聖全二、六七二頁）

という教言は、その行が聞として、すなわち、私から仏に向う私の称名行が、ひとえに仏から私に向かう仏の呼び声、「声《ミナ》」にほかならないと聞こえるということを媒介としてこそ、よく「行即信」、「信即行」ということになるわけです。

その点、親鸞によって開顕された真宗の行道とは、ひとえに〈無量寿経〉において教説された聞名の道を継承し、さらには龍樹浄土教によって領解されたところの、礼拝・称名・憶念の三業奉行の道であったわけで、『高僧和讃』（龍樹章）に、

不退《ふたい》のくらゐすみやかに　えんとおもはんひとはみな　恭敬《くぎょう》の心に執持《しゅうじ》して　弥陀の名号称すべし（真聖全二、五〇二頁）

と明かすものは、そのことをよく明示しているところです。

かくして、親鸞によって開顕されたところの浄土真宗の行道とは、ひとえに称名・聞名・信心の道であったといいうるわけであります。

4　伝統教学の行道理解

しかしながら、今日の東西本願寺の伝統教学における行道理解は、このような〈無量寿経〉における教説、それを独自に領解した龍樹浄土教の行道思想、そしてそれらを継承して、称名・聞名・信心の道として明示した親鸞の教示は、まったく無視して何ら継承してはおりません。それは覚如・存覚・蓮如らによって、もっぱら証空の西山浄土宗の教学を移入したことによるもので、その覚如・蓮如の理解によれば、真宗の行とは名号であって、その名号を領納し、その大悲に依憑《えひょう》することを信心というと主張し、またその存覚の理解を承けては、真宗の行とは称名であると主張しますが、その存覚の理解が不充分なために、

その称名がどうして信心を開発するのか明確ではありません。

かくして今日の東西本願寺の伝統教学における行道論においては、覚如・蓮如の立場に立つ名号派（所行派《しょぎょうは》）と、存覚の立場に立つ称名派（能行派《のうぎょうは》）に分裂したまま、いまなお対立、論争をくり返しています。これからそのような近世における行信理解について点検していきますが、浄土真宗の原点であるところの〈無量寿経〉の教説を無視して、それとはまったく異質なる真宗の行道を語るとはどういうことか。まことにお粗末きわまる教学状況です。しかしながら、これが今日の東西本願寺の伝統教学の実態です。

三　真宗における信心論

1　能入位の信心と能度位の信心

親鸞の著作を見ますと、真宗における信心について明かすにあたっては、はじめに仏道に入門するために必要な、教法や人師《にんし》に対する確かなる信認としての信心と、その仏道が究竟《くきょう》するところに開かれてくる、阿弥陀仏との値遇《ちぐう》体験を意味する信心の、二種の信心が語られていることが知られます。そこではじめの仏法帰入のための要件としての信心を能《のう》入位《にゅうい》の信心といい、あとの阿弥陀仏との出遇《であ》い体験としての、仏道の究竟を意味する信心を能度位《のうどい》の信心ということにいたします。

もとより、信心に二種があるといっても、それはあたかも川を渡るようなもので、はじめに靴を脱いで川に入るところを能入位の信心といい、その川の流れを越えて、向う岸に上ったところを能度位の信心というわけで、その両者は別ではなく、川に入るという能入位の信心が徹底したところが、向う岸に上がるという能度位の信心となるわけで、能入位の信心と態度位の信心は、本質的には通底しているわけです。ただ仏道の構造からいえば、そういう二種の信心があるということです。

たとえば親鸞が、「正信念仏偈」において、

まさに如来如実の言を信ずべし。（真聖全二、四四頁）

ただこの高僧の説を信ずべし、（真聖全二、四六頁）

などという信とは、いずれもはじめの能入位の信心について語ったものです。それに対して、親鸞が、「信文類」において、第十八願文の三信心、至心《ししん》・信楽《しんぎょう》・欲生《よくしょう》について明かすのに、至心については、

真実誠種の心。（真聖全二、五九頁）

といい、信楽については、

真実誠満の心、極成用重の心、審験宣忠の心、欲願愛悦の心。（真聖全二、五九頁）

といい、また欲生については、

願楽覚知の心、成作為興の心、大悲回向の心。（真聖全二、五九頁）

と説くものは、いずれもあとの能度位の信心について語ったものです。ここで明かすところの三信心とは、真実（まこと）といい、極成（すぐれる）といい、審験（あきらか）といい、愛悦（よろこび）といい、覚知（めざめ）といい、為興（他者へのはたらきかけ）などというように、いずれも私たちの心がある特定の状態に育ったことを意味するわけで、それはたんに日常的な心の状態ではなくて、非日常的な世俗を超えたところの、宗教的な次元において成立してくる心の状態を表わしています。すなわち、それは仏道の究竟としての、阿弥陀仏に出遇ったという宗教的体験の内実を表象した言葉であります。そのことは、親鸞が教える真宗の仏道でいうならば、阿弥陀仏に対する日々における礼拝と称名と憶念の身口意《しんくい》の三業の行為を、その人生の日々における生活習慣行として、相続徹底していくところに成立してくるものにほかなりません。

その点、同じように信ずるといっても、世間一般でいうところの信用、信頼とは、ある人の言葉を聞見して、まだ自分自身では確かめていないにもかかわらず、そのことを何らかの証拠にもとづいて、それがまことであると是認、承認することで、それはまったく主客二元的、対象的な信であります。また一般の宗教において語る信仰ということも、その宗教が説くところの教言を、そこでは神や死後の世界について何らの証拠もなく、まったく不合理なことですが、それが真実であると是認し、その教言に服従し、それに応答することであって、これもまた、まったく主客二元的、対象的な信であります。

それに対して、親鸞が教える真宗における信心とは、すでに上に見た能度位の信心が意味するように、たんに何かに対して信ずるということではなくて、まったく一元的、主体的な信心体験を意味します。

2　「めざめ」体験としての信心

かくして真宗における信心、阿弥陀仏を信じるということは、ある特定の行為（礼拝・称名・憶念）の日々の相続とその徹底、深化にもとづいて、やがて開けてくるところの、新しい主体的な私の心の状態をいうわけです。そのことについて、親鸞が真実信心を説明して、「智慧《ちえ》の信心」（『唯信鈔文意』真聖全二、六二四頁）といい、また「信心の智慧」（『正像末和讃』真聖全二、五二〇頁）と明かし、またさらには、

信ずる心のいでくるは智慧のおこるとしるべし。（『正像末和讃』左訓、親鸞全集・和讃篇一四五頁）

と語って、真実信心を得ることは、智慧（初地までのさとり）をひらくことである、と教示していることは、充分に注目すべきことでしょう。ここで智慧が開けてくるということは、より平易にいうならば、新しい仏教的な覚醒体験、「めざめ」体験が成立することを意味します。そしてその「めざめ」体験というものは、深い眠りから眼がさめる、恐ろしい夢から眼がさめるというように、その「めざめ」の瞬間においては、眠りとめざめ、夢とめざめという、まったく相反する二つの世界、出来事が、同時に存在するという構造をもつものです。

　いまの信心における「めざめ」体験も同じことで、真宗信心とは、自己自身がまったく虚妄《こもう》、罪業《ざいごう》の存在であるということと、自己自身はいまここに真実、大悲に生かされているということ、そのことは親鸞の言葉でいえば、私は「地獄《じごく》は一定《いちじょう》」（『歎異抄』真聖全二、七七四頁）の存在であるということと、私はすでに「往生《おうじょう》は一定」（『末灯鈔』真聖全二、六八九頁）の存在であるということ、そういうまったく対立し矛盾する二種の「めざめ」が、同時に即一して、絶対矛盾的自己同一の構造をもって、私自身のもっとも深い心霊の内奥において自覚され、体験されてくるということでもあります。

　そしてこのような信心の「めざめ」体験において、自己自身についての虚妄性、「地獄は一定」と「めざめ」るということは、その自己の全相に対する厳しさ、痛みを意識、自覚させますが、また自己自身についての真実性、「往生は一定」と「めざめ」るということは、その自己の存在の全相に対する優しさ、安らいを意識、自覚させることとなります。そしてそのような体験、意識は、私の人格主体の内奥において、その厳しさと優しさ、痛みと安らい、孤立性と抱擁性という、まったく相反する二種の自覚契機を生みだしてきますが、実はこのような相反する自覚契機のところにこそ、よく人間における人格変容、人間成熟が成立してくることとなるわけです。このことは、すでに心理学や教育学において、いろいろと語られているところでもあります。

3　新しい人格主体の確立

そういう意味においては、真宗における信心とは、たんなる心理や意識の問題ではなく、その人格の本質にかかわるもので、信心が開発するということは、いままでの古い自分の殻《から》が脱《ぬ》げて、新しい自分に生まれかわる、という意味をもっているといいうると思われます。親鸞は真実信心を開発したら、

少分《しょうぶん》の仏性《ぶっしょう》を見る。（「真仏土文類」真聖全二、一三一頁、一四〇頁）

と明かして、信心の人は、少分、わずかではあるけれども、仏性を開覚して仏の「さとり」の一分をひらいた人だというわけです。そしてまた親鸞は、信心の人については、

無上の信心を獲れば、則ち大慶喜を得、不退転地《ふたいてんじ》を獲る。（『浄土文類聚鈔』真聖全二、四五四頁）

と明かして、信心を得れば、また菩薩道の第四十一位なる初地、不退転地に至ることができるといいます。そしてまた、

不退転に住すといふは、すなわち正定聚《しょうじょうじゅ》のくらゐにさだまるとのたまふ御《み》のりなり。（『唯信鈔文意』真聖全二、六四二頁）

と語って、その不退転地とは正定聚の位であると明かします。この不退転地とは、仏道において再び迷界に退転しない位をいい、正定聚とは、まさしく将来に仏に成ることに決定した位をいい、いずれも菩薩道の第四十一位の初地の階位に至ったことを表わします。

この不退転地、正定聚の位は、もともとは浄土に往生することにおいて、身に得るところの来世《らいせ》の利益《りやく》でありましたが、親鸞はそれを、現生《げんしょう》の信心の開発のところの利益だというわけです。このことは親鸞における仏道領解、信心理解の特徴あるところで、充分に注意されるべき点でありましょう。

そしてまた親鸞は、このように真実信心を獲得した人を、

まことの信心をえたるひとは、すでに仏になりたまふべき御身となりておはします。（『末灯鈔』真聖全二、六八〇～一頁）

かならず仏に成るべき身と成れるとなり。（『一念多念文意』左訓、真聖全二、六〇六頁）

仏に成るべき身と成るとなり。（『一念多念文意』左訓、真聖全二、六〇六頁）

などと明かして、それは仏に成るべき身に成った人だといいます。親鸞は、私たちは、この身、今生《こんじょう》においては仏に成ることは不可能であるけれども、その信心において、やがては仏に成ることのできる身に育てられるというわけです。ここで「身に成る」ということは、新しい確かなる人格主体を確立していくということであって、信心を得るということは、そういう新しい人格主体に成っていくことを意味します。

かくして、そういう人格主体が確立していないような信心は、とうてい真実信心とはいえません。よくよく領解すべきところであります。

4　伝統教学の信心理解

今日の東西本願寺の伝統教学における信心理解は、おしなべていえば、基本的には、信じる者と信じられる者との主客二元論的な信心解釈です。真宗における信心とは、「智慧のおこる」ことだという発想、そしてまた、信心とは「仏に成るべき身に成る」というような、一元的、主体的な理解はまったくありません。もっぱら「たのむ」とか「まかす」という二元的、対象的な信心を語るばかりです。

そのことは、かつての戦時教学において、阿弥陀仏と天皇は同じである。親鸞の語る自《じ》然法爾《ねんほうに》とは、日本神道の「神《かん》ながらの道」に重なる、真宗の教義は明治の「教育勅語」に収まるとまで主張したことからも、よくよく知れましょう。この戦時教学は、東西本願寺の伝統教学では、いまもって何ら問われておりません。そのことは、そのような二元的、対象的な信心理解が、いまもなお生きているということです。したがって、真宗における信心とは新しい人格主体の確立を意味する、などということは、絶えて語られることはありません。もっぱら来世、死後の浄土往生のための正因、キップと教えるばかりです。この点についても、以下の近世における行信理解をめぐって考察いたしましょう。

四　真宗における実践論

1　人間における行動原理

人間がその日常生活において行動するについては、つねに何らかの具体的な原理、原則にもとづいて、その行動を選び取っているものです。すなわち、その原理とは、感情的なレベルから理性的なレベルまで、また個人的なレベルから社会的なレベルまで、多種多様な次元、範疇《はんちゅう》がありますが、人間は自分の意志にもとづき、そういう原理によって価値判断し行動するものです。そしてその場合には、その行為の主体からいいますと、自分自身の内面において、いま私は何をなすべきか、何をなしてはならないかというような、自分の行動の基準となる何らかの行動原理としての価値体系をもっているものです。すなわち、現在の私にとっては、何が最高の善であり何が最底の悪であるかということ、そしてその両者の間におけるさまざまな価値の序列を、どのように認識し、設定しているかという、自己認識の問題です。それがきわめて明確なものであるか、またはあいまいなものであるかは別として、人間は人間であるかぎり、誰しもそういう行動原理としての価値体系を、自分自身の内面においてもっているものです。

そしてそういう価値体系は、その人その人によって多様でしょうが、今日的な状況の中で、その基本的な原理、体系をあげるとするならば、国家的体制的な価値体系、社会的伝統的な価値体系、集団的規制的な価値体系、および自主的自立的な価値体系というものが考えられるかと思われます。

その国家的体制的な価値体系とは、国家の権力にもとづいて成立し保持されているところの規制ないしは秩序をいいます。それぞれの国家の国民には、当然に遵守されるべき法律、規範があり、いまはそういうものをいうわけで、具体的には、憲法から各種の法律、そしてその他のさまざまな条例など、万般にわたる法的な規制を中核とする国家的な体制原理をいいます。私たちはその日々において、大なり小なり、そのような国家的な体制原理に守られ、またそれを意識しながら行動しているところです。

また社会的伝統的な価値体系とは、それぞれの社会において、古くから伝統し保持されているような慣習から、その社会の中で成立し維持されているような秩序としての、歴史的、社会的な体制規範、体制原理をいうわけです。私たちはそういう社会に属して、その中で生活するかぎり、またそういう原理、体系を遵守していかねばならないことは当然でありましょう。

次に、集団的規制的な価値体系とは、私たちはこの世俗の中で生きるためには、その必然として何らかの集団に所属せざるをえません。それは会社であったり、学校であったり、そのほかの公務員などをはじめとする組織体の一員になることです。小さくいえば町内会の一員でもあるわけです。そしてそういう組織に所属するかぎり、それによる規制を遵守し、それに忠実でなければならないでしょう。

そしていまひとつの自主的自立的な価値体系とは、自分を取りまく国家的秩序的な体制原理、社会的伝統的な体制原理、集団的規制的な体制原理を超えて、自己自身の意志により、自己の行動をまったく自主的、主体的に選択することができるような、そういう自己の人格の内面に宿しているところの価値体系をいいます。

2　原理倫理と状況倫理

人間というものは、自分自身が起こす行為については、上に見たようなそれぞれの価値体系にもとづいて、自分で選んで行為するもので、それらの価値体系に従うことも大切ですが、私たち真宗者は、時にはそういう外的な体制原理を超えて、仏法、念仏、信心にもとづいて、自分の内面に構築しているところの仏法的、真宗的な自主的自立的な原理を第一義とし、それに従って生きていくことが肝要であると思います。

国家的体制的な価値体系というものは、多くの場合、さまざまな錯誤を犯すものです。そのことは日本国の過去の歴史を見れば明瞭です。また社会的伝統的な価値体系、集団的規制的な価値体系も、時として私たちの社会の向上進展に阻害をもたらすこともあります。これもまた、信頼すべき普遍的な原理とはいいえません。それらに対する批判の視座は大切にすべきです。

ことに最近の社会状況においては、従来の伝統的な「原理倫理」というものが、ほとんど崩壊して、今日の人々の行動様式はまことに多様化し、善悪、正邪の判断が欠落したような事件が多発して、時には心胆を寒からしめるような思いを抱かざるをえません。そういう今日的状況の中に生きるかぎり、私たちは、一人ひとりが、それぞれの歴史的、社会的状況のただ中にたたずみつつ、自己の主体をかけて、自分の進むべき道を選び取って生きるほかはないように思われます。

まさしく「状況倫理」として、自分自身がその現実の状況に即応しつつ、自分が選んで行動を起こさざるをえません。とすれば、私たちは、そういう状況倫理を、何にもとづき、いかに選んで生きていくべきでしょうか。ここは私たち真宗者の現代における生き方が問われてくるところです。その意味において、親鸞が教示した、念仏者はひとえに自らの信心の「しるし」を生きよという言葉が、重い意味をもって自覚されてきます。

3　信心の「しるし」を生き、世の「いのり」に生きる

親鸞が教示したところの真宗信心とは、新しい人格主体が成立してくることですが、そのような新しい人格主体が確立するならば、その必然として、人生生活において、新しい生き方が生まれてくることとなりましょう。親鸞が、

としごろ念仏して往生ねがふしるしには、もとあしかりしわがこころをもおもひかへして、とも同朋にもねんごろにこころのおはしましあはばこそ、世をいとふしるしにてもさふらはめとこそおぼえさふらへ。よくよく御こころえさふらふべし。（『末灯鈔』

真聖全二、六八八頁、傍点著者）

などと教示するところです。信心を生きる身になったならば、いままでの浅ましい心を捨てて、他の人々に対して優しい心をもつようになってこそ、この世を厭い、浄土を願う「しるし」があるということです。そしてまた、久しく信心を生きる人については、いろいろとこの世の悪事を厭い、この身の愚かさを思うて、それらを厳しく厭い捨てるという、確かな「しるし」も生まれてくるだろうというわけです。

親鸞は決して、念仏者はこういうことをしてはなりません、念仏者はこういうことをしなさいとは、ただの一度もいわれません。世間の多くの宗教は、そこに掟《おきて》を語り、こうしてはならない、こうしなさいと厳しく教示しますが、親鸞は真宗信者の生き方については、決して何かを指示するということは、まったくありません。ただ念仏者ならば、それなりの「しるし」があるだろう、といわれるばかりです。親鸞の信心が、そしてその情感が、いかに深く大きく、そしてまたその生き方が、確かに確かに、はるかなる浄土をめざしていたことが、改めて尊く教えられるところです。

そこでその「しるし」の意味は、漢字で表記すれば、印、標、験、証、徴などがあげられますが、親鸞が『教行証文類』の後序において、法然から『選択本願念仏集』とその真影の見写を許されたことをめぐって、「これ決定往生の徴なり」（真聖全二、二〇三頁）と記し、その「徴」の字に「しるし」と左訓をほどこしております。したがって、ここでいう「しるし」も、その「徴」のことで、それは「きざし」とか「あかし」を意味して、真宗信心に生きる者の、確かな徴候、効験、証拠ということを表わすものと思われます。すなわち、まことの真宗信心を生きる者には、それなりの確かな「しるし」、徴候、効験、証拠が生まれてくるということであって、念仏者としての確かな生き方が見えてくるということです。

親鸞が生きていった道とは、まさしくそういう一途《いちず》なる人生であったと思われます。信心の「しるし」を生きるということは、つねに自己自身を厳しく律しつつ、またつねに他者のために、心を尽しつつ生きていくということでしょうが、親鸞が終生にわたる念仏弾圧の厳しい歴史状況の中に生きつづけ、また関東教団の混乱に心を悩ませつつ、ついにはわが息男の善鸞を義絶までしたということは、まさしく親鸞自らにおける、信心の「しるし」を生きていったということでしょう。信心の「しるし」を生きるということは、それほどまでに、重く厳しい道であることを思わざるをえません。

そしてまた、親鸞は、真宗念仏者の生き方について、いまひとつ、世の「いのり」（『親鸞聖人御消息集』真聖全二、六九七頁）に生きよと教示しています。このことについては、すでに『真宗学概論――真宗学シリーズ2』において、あれこれと説明しましたので、ここでは省略します。

ともあれ、この信心の「しるし」を生きる、世の「いのり」に生きることこそが、親鸞が教示した真宗信心に生きる道であって、ここにこそ、真宗教義の要諦、原点としての真宗信心とその実践論の基本原理が、明確に示教されているところであります。

4　伝統教学の実践論理解

しかしながら、今日の東西本願寺の伝統教学では、真宗者の社会的実践をめぐって、親鸞が教示したところの、信心の「しるし」を生きる、世の「いのり」に生きる、などということはまったく語りません。その伝統教学では、かつて覚如・存覚・蓮如が教示したところの真俗二諦論をいまもなお、真宗者の実践論として語っているわけで、真諦とは、仏法、信心、心の問題で、来世の浄土往生を目的とし、俗諦とは、世法、生活、体の問題で、現世の人生生活を目的とするもので、その両者はよく相依相資して、適当に生きよというわけです。

この真俗二諦論は、東西本願寺教団が、ともに明治十九年（一八八六）に真宗教義として制定して以来、さかんに教説したところであって、その近代教学における真俗二諦論の諸説については、のちにいささか検討してみたいと思います。

だがこの真俗二諦論の結末は、過ぐるアジア・太平洋戦争において、仏法と王法、阿弥陀仏と天皇、真宗と神道などをたくみに重層させつつ、その戦争に全面的に加担したということであります。しかしそのことは敗戦によって、いかに偽瞞なものであったかがよくよく自覚されたはずですが、東西本願寺の伝統教学は、いまもなおこのような真俗二諦論を語っているところです。こんなことで、激動の現代社会の中で、真宗念仏者のまことの社会的実践論が指導できるのでしょうか。

五　真宗教学史に対する総点検

そこでこれから真宗教学史において、親鸞によって教示された真宗教義の要諦としての真宗行道論、真宗信心論、真宗実践論が、親鸞の没後どのように領解され伝承されてきたかという、その教義解釈の歴史を総点検してまいります。結論を先取りしていうならば、上に見たような親鸞の教示としての真宗における行道とは、称名・聞名・信心の道であるということ、また、真宗における信心とは「めざめ」体験であって、それは必然的に人格変容をもたらし、新しい信心主体を確立させてくるということ、そして、そういう信心主体にもとづくところの、信心の「しるし」を生きよ、世の「いのり」に生きよという社会的実践にかかわる教言は、まったく注目されることもありませんでした。

このような真宗における行道論と信心論、さらにはその実践論としての信心の「しるし」を生きよ、世の「いのり」に生きよ、とは、いま私が初めて問題にするところであって、親鸞没後七五〇年、誰一人としてそれについて語る者はありませんでした。まことに驚くべき真宗教学者の怠慢というほかはありません。

かくして今日の東西本願寺の伝統教学は、本願寺を創立した覚如とその息男の存覚、そしてその後を継いだ蓮如によって構築されたところの行信二元の行道論、主客二元の信心論、真俗二元の真俗二諦論、すなわち、仏法、信心とは死後の浄土往生のためのものであって、今生の人生生活は、すべて国家の体制原理、社会の伝統原理に従って生きよという、仏法と世法の二元論を、いまなお真宗の教義として語りつづけているところです。まったく非親鸞的な教義理解というほかはありませんが、そのことをめぐって、以下、親鸞没後から今日に至る七五〇年の真宗教学史を、厳しく総点検し概説していくことといたします。

第二章　覚如・存覚・蓮如の真宗理解

一　本願寺教団の創立

1　覚恵と唯善の対立

親鸞が亡くなって一〇年後の文永九（一二七二）年の冬に、京都吉水の北辺（現在の崇泰院）の地に、小さな六角の廟堂を建て、その中に親鸞の遺骨を移し影像を安置しました。今日の本願寺はここから始まったわけです。その土地は、親鸞の息女覚信尼《かくしんに》の夫の小野宮《おののみや》禅念《ぜんねん》のものでしたが、その廟堂は、関東の門弟、信者たちの協力によって建立されたものでした。かくして関東の門弟、信者たちは、親鸞を慕ってこの廟堂にしばしば参詣することとなりました。

そしてその後、この親鸞の墓所、廟堂とその敷地を門弟、信者たちの共有とし、その管理者を留守職《るすしき》（のちの門主・門首のこと）と呼んで、親鸞の子孫が継ぐことに定めましたが、やがてその相続をめぐって、覚信尼の子、親鸞の孫にして異父兄弟である、覚恵《かくえ》と唯善《ゆいぜん》が対立し争うこととなりました。それは、このころになると、この廟堂に参詣しそれを護持する門弟、信者による助力も増加して、この廟堂の経済的な基盤が安定してきたことによるものと考えられます。

しかし覚恵が病死したあと唯善が廟堂を占拠しましたが、覚恵の長子覚如は、父からの譲状を盾にして自分が留守職であることを主張しました。そこで唯善は、その廟堂を破却し、親鸞の影像と遺骨をもって関東に逃亡しました。そのことをめぐっては、すでに『現代親鸞入門――真宗学シリーズ1』において、詳しく述べたところであります。

2　覚如の野望

そこで覚如が新しく留守職に就任しようとしましたが、関東の門弟、ことには高田門徒や和田門徒らが承認しませんでした。覚如は貴族意識が強くて、関東の門弟たちの信認が乏しかったようです。そこで覚如は、十二カ条にわたる懇望状を作成して懇願しましたが、それでもなお門弟たちは承認しませんでした。

かくして覚如は、別に一寺を造立してそこに住むことを考え、長男の存覚の協力を得て、関東の信者らを訪ねて懇志を募ることとしました。そこで関東の門弟たちも、やっと留守職の就任を承認することとなり、覚如はようやくその任に就くこととなりましたが、そのことによって覚如は、関東の門弟教団に対抗して、親鸞の血統を継ぐ自分とその子孫を中核とする廟堂中心の新しい教団体制の確立を企図することとなり、弘安三（一二八〇）年十月二十六日付の「覚信置文《かくしんおきぶみ》」（覚信尼の証文）なるものを偽作し、この廟堂を、自分の子孫が誰にもさまたげられることなく相続できるよう主張いたしました。

そして永仁三（一二九五）年には、『善信聖人絵』（『御伝鈔』）を著わして、親鸞の生涯にわたる伝記をつくり、さらにはまた、正安三（一三〇一）年には『拾遺古徳伝絵詞』を著わしましたが、それは法然の生涯を記述したものであります。すなわち、覚如は、宗祖としての親鸞の伝統とその地位を明確化しようとしたわけで、覚如はここで法然、親鸞、如《によ》信《しん》という三代伝持の法統を主張し、それを継承するものが自分であるといって、この教団における自分の地位を正当化いたしました。ここでいう如信とは、親鸞によって義絶された長男善鸞の長子ですが、この如信は、親鸞から真宗の教義を学んだ形跡はなく、覚如が男系相続の封建社会の論理に適応するために、あえてそのように如信の存在を利用しただけでありましょう。

さらに覚如は、この大谷の廟堂を、たんなる親鸞の祖廟ではなく教団の本寺とするためには、寺号をもつべきであるとして、さまざまな工作の末に、やっと本願寺という寺号を公称することができました。それは親鸞没後六十年の元亨元（一三二一）年のころであろうと思われます。ところが建武三（一三三六）年に、足利尊氏の東上により京都が戦乱に巻き込まれて、大谷廟堂、本願寺も焼失しました。

覚如がこの廟堂を寺院化したことにより、関東の門弟、信者たちも次第に離反して、参詣するものがいなくなり、当時の本願寺は経済的にはかなり窮乏の状態が続いたようです。だがこの覚如の長男の存覚は、父との間に不和が続いて、二度にわたって義絶されるということがありましたが、地方の真宗門徒からは熱い支持があったようで、この存覚の働きによって、本願寺は次第にその地位を確実なものにしていきました。

以上が、本願寺教団の創立をめぐる諸事情のおよその状況です。今日の本願寺教団は、このような動向にもとづいて成立し、その後近世の初頭に東西本願寺教団に分裂したのち、いまの姿にまで展開してきたわけであります。

二　覚如における真宗理解

1　覚如とその時代

覚如（一二七〇～一三五一）は、親鸞の曾孫ですが、十三歳にして天台宗を学び、さらに奈良の興福寺にも学びました。そしてその後二十一歳にして、父の覚恵とともに関東の親鸞の遺跡をめぐり、京都に帰ってからは、西山浄土宗の阿日房彰空に入門し、もっぱらその教義を学びました。覚如の真宗理解が、まったく西山浄土宗の教義に重層している理由でもあります。覚如はそのほかに、幸西の一念義、そしてまた長楽寺流の多念義も習ったといいます。

覚如の時代、十三世紀から十四世紀にかけての日本の歴史的状況は、古代荘園体制が崩壊し、それにともなって新しく名主層が台頭し武士化していくという中で、在地領主、武士の政治的支配体制が次第に確立されていき、またその反面では、貴族や寺社などの荘園領主の反動的領主化が進展して、封建体制が確立してくる途上の、保守反動的な時期でありました。そういう状況の中で、覚如は関東の門弟中心の真宗教団に対抗して、新しく血の論理にもとづく、京都の本願寺を中心とする新しい教団の形成をめざしたわけです。

かくしてそこでは、もともと鋭い変革の論理を数多く宿している親鸞の思想は、まったくマイナスの要素でしかなく、そういう時代思想に対応するためには、別の論理、教義理解を必要としたわけです。その点、覚如は、すでに『現代親鸞入門――真宗学シリーズ1』において明かしたように、西山浄土宗の証空の教学を移入しました。すなわち、この証空は、法然の直系の弟子であり、親鸞の兄弟子でありながら、その師を裏切って時の政治権力に拝跪し、また比叡山や奈良の仏教教団とも妥協して、法然が主張した専修念仏の教えを放棄し、その浄土念仏を二元論的、民俗宗教的な呪術信仰のレベルで再解釈したわけですが、覚如は、このような証空の浄土教理解、西山浄土宗の教義とその信心を学習し、それを摂取していったわけです。

すなわち、西山浄土宗の学者であった樋口安養寺の阿日房彰空についてその教義を学んだのです。覚如は、この彰空の作ともいわれる『安心決定鈔』を所持しており、『反故裏書』によりますと、その弟子の乗専は、覚如よりこの『安心決定鈔』を付属されたと伝えています。その点、覚如の真宗教義理解には、多分にこの西山浄土宗義、ことにはこの『安心決定鈔』の影響が指摘できるところであります。

2　覚如の真宗理解

そこで覚如における真宗教義理解については、その行業論をめぐる思想は、

真実の行といふは、さきの教にあかすところの浄土の行なり。これすなはち南無阿弥陀仏なり。（『教行信証大意』真聖全三、五九頁）

と明かし、また

かの仏の因位の万行果地の万徳、ことごとくに名号のなかに摂在して、十方衆生の往生の行体となれば、阿弥陀仏即是其行と釈したまへり。（『執持鈔』真聖全三、四三頁）

というように、真宗における行とは、南無阿弥陀仏なる名号そのものであって、その中には、あらゆる万徳、パワーが摂在しており、その名号こそが衆生往生の行体となるというわけです。まさしく呪術信仰です。親鸞が行とは私の称名念仏のことであると教示したものとはまったく相違します。そしてその信心論をめぐる理解については、

真実の信といふは、かみにあぐるところの南無阿弥陀仏の妙行を、真実報土の真因なりと信ずる真実の心なり。（『教行信証大意』真聖全三、五九頁）

と語るように、名号そのものを対象とし、それが私の往生の真因、行体であると信じることだといいます。かくしてそこでいう信心とは、仏教の本義において語るところの、この

世俗を超えた出世《しゅつせ》体験としての信心というものではなく、それは明らかに、阿弥陀仏の名号、その仏体に対するたんなる二元的、対象的な依憑としての心の態度をいうわけで、その信をしばしば「帰す」と表現するのは、そのことを意味するところでありましょう。

覚如はその信心について、「仏語に帰属する」（『改邪鈔』真聖全三、八八頁）、「仏智に帰属する」（『改邪鈔』真聖全三、八六頁）、「本願に帰託する」（『口伝鈔』真聖全三、三三頁）などと明かしておりますが、このこともまた、覚如における信心が、まったくの二元的、対象的な心的態度であることを表わしております。ところで覚如はまた、その信心の理解をめぐって、

願力不思議の仏智をさづくる善知識の実語を領解せずんば往生不可なり。（『改邪鈔』真聖全三、六五頁）

知識伝持の仏語に帰属するをこそ、自力をすてて他力に帰するともなづけ、また即得往生ともならひはんべれ。（『改邪鈔』真聖全三、八八頁）

などと明かすように、その信心の開発については、善知識（親鸞の血統を継いだもの）が、阿弥陀仏と人間の間の仲介者となってこそよく成立するというのです。そしてその善知識とは、「生身の如来にもあひかはらず」といい、また「如来の代官」（『改邪鈔』真聖全三、八六頁）でもあるといいます。ここでいう生身の如来とは「生き仏《ぼとけ》」ということであり、如

来の代官とは「権力の代行者」ということでしょうが、まあよくもいったものです。いかなる根拠をもってそんなことがいいえたのでしょうか。ここには覚如の貴族意識がもっともよく見られるところです。そこにはもはや、親鸞における「親鸞は弟子一人ももたずさふらう」（『歎異抄』真聖全二、七七六頁）という発想はまったく存在いたしません。それとは異質な地点に立っていることがよくよく知られてきます。かくして覚如は、

信心歓喜乃至一念のとき、即得往生の義治定ののちの称名は仏恩報謝のためなり。

（『最要鈔』真聖全三、五二頁）

などと明かすように、明確に一念義の立場に立って、善知識の仲介で本願に帰属する信心決定の一念のところ、すでに往生が決定するというわけで、その上はもっぱら称名念仏して仏恩を報謝せよというわけであります。このような称名報恩の思想は親鸞には明確には見られず、それは証空の西山浄土宗、および幸西の一念義において主張されたもので、いまはそれらを継承したものと思われます。いずれにしても、このような覚如における行道理解が、親鸞のそれとはまったく齟齬していることはいうまでもありません。

3　覚如における信心理解の屈折

そしてまた、覚如における実践論について注目すべきことは、真宗者の生活規範として

儒教倫理を導入したということです。『改邪鈔』に、

　それ出世の法においては五戒と称し、世法にありては五常となづくる仁・義・礼・智・信をまもりて、内心には他力の不思議をたもつべきよし、師資相承したてまつるところなり。（真聖全三、六七頁）

と明かすところです。真宗者の実践論、その社会的な生き方とは、内心には信心をたもちつつ、外相には儒教の仁・義・礼・智・信の五常を守れというのです。そしてそのことは親鸞以来、師資相承された教えであるというわけです。

　この五常とは、もとは中国の孟子《もうし》（前三〜四世紀ごろ）の思想にはじまり、のちに儒教の倫理規範として採用されたものですが、それは縦の倫理として、専制君主による封建統治の理論となったものです。そしてそれは日本には、すでに四、五世紀のころには伝来したといわれ、奈良時代には、仏教とともに国家統治の理論として採用されて、内面的な心的態度としては仏教を学び、外面的な行動規範としては儒教に拠るということがおこなわれてきました。いま覚如が、真宗者の行動原理としてこの五常を導入したのも、そういう流れをうけたものでありましょう。

　しかしながら、親鸞は、その「化身土文類」において、「洛都《らくと》の儒林《じゅりん》（みやこぞくがくしょう）行に迷うて、邪正《じゃしょう》の道路を弁《わきま》うることなし」（真聖全二、二〇一頁）といって、この

儒教を厳しく批判しているところです。真宗者の実践論として、このような儒教倫理を導入することは、明らかに親鸞に背反する行為でしかありません。上に見たように、そのことが「師資相承したてまつるところ」であるとは、覚如のまったくの虚言であります。

そしてまた、いまひとつ、覚如は真宗信心の中に、本地《ほんじ》垂迹《すいじゃく》思想を導入して神祇《じんぎ》崇拝を肯定いたしました。そのことは『善信聖人絵』（『御伝鈔』）における箱根権現の夢告、平太郎の熊野権現参詣などの文に明らかであります。このような神祇についても、親鸞は明確に、「仏に帰依せば、ついにまたその余の諸天神に帰依せざれ」（「化身土文類」真聖全二、一七五頁）と教訓しているところです。にもかかわらず覚如は、このように神祇崇拝を真宗信心の中に導入したわけです。ここにもまた、明らかに真宗における教義理解に屈折が生まれ、その変質が指摘できるところであります。しかしながら、これが覚如の真宗理解であります。

その点、この覚如によって、真宗教義が民俗宗教的な西山浄土宗の教義にすり替えられ、真宗信心に儒教倫理が導入され、さらにまた、その信心が神祇思想に重層せしめられたわけであって、本願寺教団は、スタートのところから、その方向性を大きくまちがえていったわけであります。そしてそのズレは、その後さらにいっそう拡大していきました。

三　存覚における真宗理解

1　存覚とその時代

存覚（一二九〇〜一三七三）は、覚如の長子ですが、少年のころより奈良の東北院慶海に従って真言密教を学び、またそののち心性院経恵に学んで天台教学を修め、さらには尊勝院玄智について顕密の教学を学んだといいます。そしてその後に、父の覚如と同じように、阿日房彰空について西山浄土宗の教義を学びました。

この存覚の時代は、建武の新政の樹立とその破綻、また、南北朝の戦乱とその統一、そしてそれらを通して、新しく室町幕府が成立してくるという動乱の中で、武士階級による封建支配体制がいよいよ強固となってきた時代でありました。しかしながら、他方では、地方の国人、地侍といわれる層、さらには農民に至るまでの下層の勢力が成長して、その支配体制に反抗するという、いわゆる下剋上《げこくじょう》が横行して、政治的には不安、動揺が続いておりました。またこのころの思想的傾向としては、没論理的な性格が強くなり、宗教においても世俗への転落がはなはだしく、また神祇崇拝の風潮も生まれて日本的な神国思想が強調されてくることとなり、全体的には、支配権力に奉仕する文化として、反動的、封建的な性格をいっそう強めていきました。存覚は、このような歴史的社会的状況の中にあって、父の覚如を扶け、本願寺教団の形成、その基盤の確立に尽力したわけであります。

2　存覚の真宗理解

そこで存覚における真宗教義理解についていては、その行業論をめぐる思想は、『六要鈔』において、

浄土真実の行とは、往生の行の中に仏の本願なるが故に正しく念仏をもってその生因となす。故に真実という。これ称名なり。余は本願にあらず、故に真実に非ず。選択本願の行とは、その意また同じ。念仏は正しくこれ選択本願、余は選択本願の行に非ず。故に念仏をもって真実の行といい、選択の行という。（真聖全二、二二八頁）

と明かすように、浄土真実の行、選択本願の行とは、ひとえに称名念仏であるといいます。その点、父の覚如が、真宗の行を指定して名号だというものとは明確に相違します。このことは、存覚が、若くして真言・天台の教学を学び、その一般仏教の立場から、真宗教義を理解したことによるものと思われます。しかし、その信心論については、『六要鈔』（真聖全二、二六八頁）において「信楽」を説明するにあたり、普光の『倶舎論光記』、窺基の

『大乗百法明門論解』および護法の『成唯識論』の文を引用して明かします。

しかしながらそこでは、その『倶舎論光記』の文については、信にかかわる解説の文は無視して愛についての解説の文を引用して、信心とは欲楽、信愛のことであるといい、また『大乗百法明門論解』の文を引用するについては、「深く忍じ楽欲して心の浄なるを性となす」（大正四四、四八頁）という文を、「深忍楽欲の心浄なるを性となす」と訓《よ》み替えて、信心とは楽欲の心のことであると主張し、また『成唯識論』の文についても、そこには明確に「いかなるを信となすや、実と徳と能とにおいて、深く忍じ、楽欲して、心を浄ならしむるをもって性となす」（大正三一、二九頁）という教示があるにもかかわらず、それらの文を割愛し、あえて大胆に断章取義して、「楽欲はいわく欲、すなわちこれ信の果なり」という文を引用して、信心が楽欲であると論じております。まことに非学問的、恣意的な稚拙な誤摩化しで、後世に第三者が見たら批判されるだろうと思わなかったのでしょうか。存覚にはこのほかにも、真宗信者を愚民視する姿勢がいろいろと見られるところです。

かくしてこのことは明らかに、真宗信心をして、強引に愛楽、楽欲の意味に解釈しようと意図していることがうかがわれるところで、その信心を、覚如と同じように、二元的、対象的な愛楽、帰属の心的態度として解釈しているわけです。存覚が、信心を明かすについて、「能帰の心」（『六要鈔』真聖全二、二九一頁）といい、またしばしば「帰す」と語るこ

とも、そのことに連なる発想でありましょう。そして存覚は、その行業と信心との関係をめぐっては、『六要鈔』に、

行は信を離れず、信は行を離れず。今の文の意、信行相備して互にもって通用す。

（真聖全二、二六〇頁）

称名・信心さらに相離せず、影略互顕してこの義を示すなり。（真聖全二、三六〇頁）

などと明かして、行と信、称名と信心とは、相備通用し、影略互顕するといいます。存覚においては、信心には必ず称名念仏がともない、称名念仏のほかに信心はないというわけです。しかしながら、その行業としての称名がどうして信心を開発させることとなるのか、いかなる心的構造において信行相備し、影略互顕することとなるのか、そのことをめぐっては何ら明かすところはありません。その点、存覚における信心というものが、何ら自己自身における宗教的体験として領解されたものではなく、まったく観念的に捉えられ、解釈されたものにすぎないことが、よくよくうかがわれるところでありましょう。

3　存覚における信心理解の屈折

そこで存覚における信心理解において特色あることは、その信心の内実に恩の思想を摂取していったということです。すなわち、『報恩記』によりますと、

師の恩は父母にもまさるべし。父母は今生撫育の極り、師長は永生得脱の縁なるがゆへなり。（真聖全三、二七二頁）

などと語って、父母の恩、ことにはそれにもまして深い恩としての師の恩を語ります。そしてまた、『破邪顕正抄』によれば、

世々にかうぶりし国王の恩よりは、このところの皇恩はことにをもし、世間につけ出世につけ、恩をあふぎ徳をあふぐ、いかでか王法を忽諸《こつしょ》したてまつるべきや。いかにいはんや専修念仏の行者、在々所々にして一渧をのみ、一食をうくるにいたるまで、惣じては公家関東の恩化なりと信じ、別しては領主地頭の恩致なりとしる。（真聖全三、一七三頁）

と明かして、国王恩と天皇恩、さらには公家関東や領主地頭の恩を説きます。ここには親鸞にはまったく見られない発想が登場いたします。

仏教においては原始仏教以来、恩の思想はさまざまに語られてきましたが、その内容は父母の恩とそのひろがりとしての他者の恩をいうもので、それに報いるためには、ひとえに父母を尊敬し、その父母をして仏道に帰入せしめることが肝要であるとして、帰するところは出世間の道を教示するものでありました。紀元二世紀ごろに成立したと考えられる『正法念処経』には、母の恩、父の恩、仏の恩、師の恩の四恩が体系的に説かれておりま

す。しかしその後、紀元六世紀ごろに成立したといわれる『大乗本生心地観経』には、父母の恩、衆生の恩、国王の恩、三宝の恩が説かれております。ここでことに国王の恩が説かれているのは、その背景に、当時の仏教が国王の権力の下に統制され、それに従属していったことを意味します。そしてこのような四恩の思想は、中国仏教を経て日本仏教にも継承されて、平安時代の真言宗の空海（七七四～八三五）や、天台宗の安然《あんねん》（八四一～八九八ごろ）にも受容されております。

そして存覚は、その四恩の中の仏の恩も父母の恩もすべて師恩に統摂して捉え、しかもその師とは、ひとえに本願寺の次第相承の善知識（門主・門首）のことであるといい、その師恩に報いるためには、ひとえに自分の「活計の上分をもて師範のところにをくりあげ」「こころざしのひかんにまかせて財宝を仏道になぐべし」（『破邪顕正抄』真聖全三、一八〇～一頁）などといって、本願寺のために、金銭、財宝を献上せよといいます。そしてまた、他方の国王の恩については、「世々にかうぶりし国王の恩よりは、このところの皇恩はことにをもし」「惣じては公家関東の恩化なりと信じ、別しては領主地頭の恩致なりとしる」（『破邪顕正抄』真聖全三、一七三頁）などといって、天皇政権と幕府政権、さらには在地支配者である領主、地頭の恩誼を感佩しそれに服従せよというのです。

ここで存覚は、内なる論理としては師（善知識）の恩の論理をもって教団の経済基盤の確立を図り、外なる論理としては国王（幕府）の恩の論理をもって体制順応の姿勢を教えていますが、いずれにしても、それは本願寺教団の世俗的な護持体制を構築するための、まったく自己流の論理以外の何ものでもありません。

そしていまひとつ、存覚における信心の屈折をめぐって注目されるべきことは、真宗信心をして、現世の祈禱と死者への追善とを重層させているということです。その現世祈禱については、「阿弥陀仏をば、ことに息災延命、護国の仏とす」「くにの災難をしづめ身の不祥をはらはんとおもはんにも、名号の功用にはしかざるなり」（『持名鈔』真聖全三、一〇二～一三頁）と明かして、阿弥陀仏またはその名号を、まったく即物的、呪術的に捉えて、その現世的な利益効験を語っているところです。

また、その死者への追善については、「極楽に生じ仏果を証せしめんためにこれをとぶらふべきなり」（『至道鈔』真聖全五、二五九頁）といって、追善廻向とは、死者を浄土に往生させ成仏させるために効果があるといい、またすでに浄土に往生している死者も、その追善供養によって、「なおその位もすすみ、いよいよ衆生得度のちからも自在ならん」（『至道鈔』真聖全五、二六六頁）と明かすように、浄土の階位が進み、還相廻向の能力が増大してくるというわけです。

存覚はいかなる根拠にもとづいて、そんなことを語るのでしょうか。まことに無責任きわまる非仏教的な妄語、戯言というほかはありません。いずれにしても当時経済的に困窮していた本願寺に対する、追善供養のための上納金勧励のための発想にしかすぎません。しかしながら、これが存覚の信心理解です。

ところで、この存覚における真宗理解において、いまひとつ注目すべき問題点は、その真宗信心をして、政治権力に癒着させたということです。すなわち存覚は、『六要鈔』において、『末法灯明記』の文を解釈するについて、

この書はこれ仏法・王法治化の理をのべ、すなわち真諦・俗諦相依の義を明かす。

（真聖全二、四一〇～一頁）

と明かして、真諦と俗諦、仏法と王法とは、よく相依し相資すべきであるといいます。またそのことについては、『破邪顕正抄』に、

仏法王法は一双の法なり。とりのふたつのつばさのごとし、くるまのふたつの輪のごとし、ひとつもかけては不可なり。（真聖全三、一七三頁）

と語っております。ここでは仏法と王法とは「一双の法」であって、鳥の両翼、車の両輪のようなものだというわけです。親鸞においては、仏法とは、世俗なる王法、権力に対しては厳しく対峙し、それを超えて絶対優位の立場に立つべきものでありましたが、存覚においては、それが対等、互角に捉えられて、両者は両翼両輪のように、よく相依し相資し

て営まれるべきであるといいます。

しかしこのように、両者を対等に捉えて相依、相資の関係と理解するところ、その必然として、仏法、信心は世俗なる王法、権力に深く癒着して、その王法、権力は仏法、信心の内面を侵蝕していくこととなります。そのことは過去の仏教の歴史が数々に証明しているところです。いまの存覚の発想も同じであって、存覚は、このような真俗二諦の論理をもって、当時の本願寺教団を、その封建的支配権力に連結させ、それに服従せしめていったわけであり、後世の本願寺教団の教学は、このような存覚の真俗二諦論にもとづく真宗教義を構築し、そのはてにはアジア・太平洋戦争を通して、ついには国家真宗、神道真宗として自己崩壊していったわけであります。そのことについては、改めて以下、この真宗教学史において、詳細に点検してまいりましょう。

四　蓮如における真宗理解

1　蓮如とその時代

蓮如（一四一五〜一四九九）は、本願寺教団の第八代の法主（門主・門首）を継承しましたが、当時の本願寺は京都東山の青蓮院の近くにあり、その結構は、今日のような阿弥陀堂と御影堂の両堂がありましたが、阿弥陀堂は三間四面、御影堂は五間四面と、そのほかに別の住坊があったということです。しかし参詣するものもなく「さびさび」としていたと伝えております。蓮如はそういう状況の中で成長し、十七歳にして青蓮院で得度しましたが、その後に学問の道に進んだ形跡はありません。当時の本願寺が経済的に困窮していたからでしょうか。その後に血縁をたよって奈良の興福寺の経覚僧正に師事しましたが、それも長くはなかったようです。

蓮如の教学理解には、正規に大乗仏教や浄土教を学習したという跡はなく、ほとんどは独学自習したものと思われます。蓮如が書写した聖典は数多くあり、その主なるものとしては、親鸞の『教行証文類』『三帖和讃』『愚禿鈔』『浄土三経往生文類』など、覚如の『口伝鈔』『執持鈔』など、存覚の『持名鈔』『浄土真要鈔』などがあり、またそのほかに『歎異抄』や『安心決定鈔』など、すべてで六十部に及んでおります。

蓮如の生きた時代は、室町時代でありますが、この時代は、その室町幕府が一定の支配力をもっていた前半期に対して、中期以降は有力な守護大名の反乱や土一揆が頻発することになり、その幕府の権力はいちじるしく低下し、やがて応仁の乱が起こり、それを契機として在地の武士勢力が強まり、ついには戦国大名の領国制が展開していくこととなりました。そして本願寺は、このような時代状況の中にあって、蓮如による真宗教義の平易化と精力的な行動によって教化伝道が結実し、他の真宗教団の門徒、信者をも吸収して、その教線は急激に拡大成長していくことになりました。そしてまた各地に生まれた一向一揆の動向も、さまざまな矛盾を含みながらも、本願寺教団の飛躍的な発展に多大な影響をもたらすことになっていきました。

2　蓮如の真宗理解

そこで蓮如における真宗理解については、それに先行する教学としては覚如と存覚の真宗理解がありますが、蓮如は、もっぱら覚如の教学を踏襲し、存覚の教学を敬遠しております。覚如と存覚の相違について、息男の蓮悟が質問したところ、

名人のせられ候物をば、そのままにて置ことなり、これが名誉なりと仰られ候也。

（『蓮如上人御一代記聞書』真聖全三、五七〇頁）

といって、その矛盾、相違については、その道の達人のなされたことであるから、とやかく詮索すべきではないといって不問に付しています。かくして蓮如はもっぱら覚如の真宗理解を継承するわけですが、その理由は、第一には、覚如の教学が、共感されやすかったと考えられます。そして第二には、蓮如は若いころより西山浄土宗系の『安心決定鈔』に

傾倒しており、

前々住上人仰られ候。『安心決定鈔』のこと、四十余年が間御覧候へども、御覧じあかぬと仰られ候。又金をほり出す様なる聖教なりと仰られ候。（『蓮如上人御一代記聞書』真聖全三、五九五頁）

と伝えておりますが、覚如もまた西山浄土宗に入門して、その阿日房彰空に学んだといい、この『安心決定鈔』は、その彰空の制作によるものではないかともいわれるところで、覚如と蓮如の真宗理解の底流には、この西山浄土宗、さらにはまたこの『安心決定鈔』が、両者の共通項として存在しており、そのことから蓮如が、ことに覚如に親近感を抱いたのではないかと思われます。

そこでその行業論については、その『正信偈大意』に、

十方の諸仏にわが名をほめられんとちかひましまして、すでにその願成就したまへるすがたは、すなはちいまの本願の名号の体なり。これすなはちわれらが往生をとぐべき行体なりとしるべし。（真聖全三、三八九頁）

円満の徳号は他力の行なるがゆへに、末代の機には相応せりといへるこころなり。（真聖全三、三九六頁）

と明かし、またその『御文章《ごぶんしょう》』（御文《おふみ》）には、

しかれば南無阿弥陀仏といへる行体は、すなはち我等が浄土に往生すべきことはりを、此六字にあらはしたまへる御《おん》すがたなり。（真聖全三、四五〇頁）

などと語って、真宗における行業とは、「本願の名号」「円満の徳号」こそが「行体」であって、この名号そのものの働きによって、浄土往生の業事はすべて成就するというわけです。まったく主体の欠落した二元論的、呪術信仰的な仏道理解ですが、それが覚如の理解を承けていることは明瞭です。そしてまた蓮如は、

南無阿弥陀仏といへる行体には、一切の諸神・諸仏・菩薩も、そのほか万善・万行も、ことごとくみなこもれるがゆへに、なにの不足ありてか、諸行・諸善にこころをとどむべきや。すでに南無阿弥陀仏といへる名号は、万善・万行の総体なればいよいよたのもしきなり。（『御文章』真聖全三、四三八頁）

と明かして、その阿弥陀仏の名号には、「一切の諸神」までもこもっているといいます。蓮如においては、阿弥陀仏と日本の神々は同等で即一するというわけです。親鸞によって、あれほどまでに明確に神祇不拝が教示されているにもかかわらず、蓮如はその教言をまったく裏切っているわけです。そしてその信心論については、

なにのわづらひもなく、ただ一心に阿弥陀如来をひしとたのみ、後生たすけたまへとふかくたのみ申さん人をば、かならず御たすけあるべき事さらさらうたがひあるべか

らざるものなり。(『御文章』真聖全三、五一五頁)

なにのやうもなく、ひとすぢにこの阿弥陀ほとけの御袖にひしとすがりまいらするおもひをなして、後生をたすけたまへとたのみまうせば、この阿弥陀如来はふかくよろこびましまして、その御身より八万四千のおほきなる光明をはなちて、その光明のなかにそのひとをおさめいれてをきたまふべし。(『御文章』真聖全三、四四四頁、五〇九頁)

などと明かすように、阿弥陀仏に向って、「たすけたまへ」と「たのむ」ことだといいます。まったく主客二元的、対象的に「たのむ」ことだというわけです。このような理解もまた、すでに上に見たところの、西山浄土宗を継承した覚如、存覚の「帰属」「帰託」「愛楽」「帰す」という信心理解をそのまま踏襲していることは明らかです。

ただし、ここで「たすけたまへ」と「たのむ」ということについては、蓮如は早いころには、この言葉が、浄土宗の一条流の教説によるところ、「たとひ名号をとなふるとも、仏たすけたまへとは、をもうべからず」(『帖外御文章』真聖全五、二八七頁)といって、「たすけたまへ」と思うてはならないといい、またその一条流の信心理解についても、「それは浄花院の御心えどをりにてさふらふほどに、わろく候」(『帖外御文章』真聖全五、四七二頁)といって、厳しく批判していたわけですが、その後、この一条流の法語が世間にひろく流布していったところ、蓮如はやがてはこの語を自分自身も使用するようになったわけです。まことにもって無節操、無定見というほかはありません。

しかもこのように信心をめぐって明かすのに、浄土宗の用語をそっくり援用して語るところでは、もはや真宗の信心と浄土宗の信心とは、何ら相違するものではないわけで、蓮如における信心には、西山浄土宗と鎮西浄土宗の信心理解が重層して混在しており、それがいかに浅薄なものであったかが想像されるところであります。ましてそれが親鸞の原意趣を遠く逸脱していることは、いうまでもないところです。

3　蓮如における信心理解の屈折

なおまた、蓮如は、親鸞が真宗の行道として勧励したところの称名念仏は、すべて信心以後の報恩の行業であると主張いたしました。

南無阿弥陀仏とまうす念仏は、弥陀にはや、たすけられまいらせつる、かたじけなさの弥陀の御恩を、南無阿弥陀仏ととなへて報じまうす念仏なりとこころうべきなり。（『御文章』真聖全三、四一二頁）

ひとたび他力の信心をえたらん人は、みな弥陀如来の御恩のありがたきほどをよくよくおもひはかりて、仏恩報謝のためには、つねに称名念仏を申したてまつるべきものなり。（『御文章』真聖全三、四四五頁）

と明かすところです。すなわち、蓮如においては、信心とは、その行体としての名号をたよりとし、その仏体に向って「たすけたまへ」と「たのむ」ことであると理解するところ、親鸞があれほどまでに教示した称名念仏とは、仏道としては何の意味ももたなくなるところ、それをもっぱら信心開発以後の報恩の行業だと規定したわけです。このように称名念仏が仏恩報謝の意味をもつと理解したのは、証空の西山浄土宗および幸西の一念義にもとづくもので、覚如によって、そのことはさかんに主張されましたが、蓮如はその覚如に学んでそのように理解したわけでありましょう。

なおまた、蓮如は、真宗信心の日常的な生き方について、くり返して「王法為本」「仁義為先」ということを教示したことは注目されるべき点であります。すなわち、

ことにほかには王法をもておもてとし、内心には他力の信心をふかくたくはへて、世間の仁義をもて本とすべし。（『御文章』真聖全三、四三四頁）

ほかには仁・義・礼・智・信をまもりて王法をもてさきとし、内心にはふかく本願他力の信心を本とすべきよしを、ねんごろにおほせさだめをかれしところ。（『御文章』真聖全三、四六九頁）

などと明かすところです。しかも蓮如は、このことが「開山聖人のさだめをかれし御掟《おんおきて》」（『御文章』真聖全三、四六九頁）だというわけですが、親鸞がいつどこで、そんな「掟」と定

めているのか、このことはまったくの虚言でしかありません。蓮如は、自分の意趣を、親鸞の権威をもって信者に強制するわけです。ここには蓮如の、真宗信者に対する愚民意識がよくうかがわれるところです。覚如は儒教、仁義を語ったわけですが、存覚が王法を語ったところから、いま蓮如は、その両者を継承して、王法為本、仁義為先と明かしたわけです。ここにまた、真宗信者の生き方として、明確なる信心と王法、仁義という、真俗二諦の主張を見ることができましょう。

なおまた、蓮如における真宗理解をめぐっては、その門弟にして、自分の意思に背いたものを「御勘気《ごかんき》」といって、追放、破門にし、この「御勘気」を受けたものは、浄土に往生はできないといっていることが注目されます。すなわち、

善知識の仰に違ふ事ありて御勘気をかうふる人は、不可往生と云事歴然也。（『蓮如上人仰条々』『真宗史料集成』二、四九九頁）

といいます。蓮如は、その『御文章』（御文）では、「一心に阿弥陀如来後生たすけたまへと、一念にふかくたのみたてまつらんものをば、たとへば十人は十人百人は百人ながら、みなもらさずたすけたまふべし」（真聖全三、五一四頁）といいながら、自分に逆らうものを破門にし、浄土往生は不可だと断定しているわけです。しかしまた、蓮如は、その反対に、この春日局《かすがのつぼね》も後生の道を尋申されけるが、心得よくもとどかず侍りければ、痛はしく

思食《おぼしめし》、この局の後生の事は何と成すともすべきなり。愚老が請取《うけとり》申と、常々仰ありけると也。（『蓮如上人仰条々』『真宗史料集成』二、五〇一頁）

といって、信心のないものでも、自分に深い関わりのあるものは、往生を保証するというわけです。この春日局とは、室町幕府の八代将軍足利義政の寵妾であり、蓮如の子供や身内のものが世話になったものでありますが、彼女は真宗の法話を聞いてもよく領解ができないといって悩んでいると聞き、蓮如は貴女の後生のことは、私が何とかしましょう、「請取る」と、つねづね申していたというのです。そしてまた、

上人浄西寺の後生は請取ぞと被仰也。されば常の仰にも、春日局と浄西寺との後生を、預るぞと被仰侍りけると也。（『蓮如上人仰条々』『真宗史料集成』二、五〇二頁）

ともいったといいます。この浄西寺とは、応仁の乱ののち室町幕府の実権を握っていた細川政元と昵懇の医師で、日ごろ蓮如の法談の時にはよく参詣しておりましたが、いっこうに仏法を領解することなく、日ごろには「我は今生の事は伊勢大神宮に憑申す。後生の事は法印に憑申す」といっていました。蓮如は、この人の後生も「請取る」「預る」といっております。このように後生を「請取る」「預る」ということは、信心がなくても浄土往生を保証するということを意味するわけでしょうが、蓮如にはどうしてそんなことがいいうるのでしょうか。

蓮如は日ごろには、「弥陀の本願を信ぜずしては、ふつとたすかるといふ事あるべからず」（『御文章』真聖全三、五〇〇頁）と語って、信心のないものは絶対に救われることはないと断言しているところです。にもかかわらず、蓮如は、特別に懇意なもの、権力体制に近いものについては、信心がなくても浄土に往生することを保証するといっているわけです。蓮如は、自分の意思に背くものは往生できないといい、逆に懇意なものは信心がなくても往生できるといっているわけで、ここには、蓮如が真宗信心をまったく私物化し、それによって門弟、信者を支配し、その生殺与奪の権威をほしいままにふるまっていたことがよくうかがわれるところで、仏法の立場、親鸞の意趣からすれば、絶対に赦されざる、とんでもない脱線というほかはありません。

蓮如においては、仏法とは、そしてまた信心とは、いったい何であったのでしょうか。あの数々の『御文章』（御文）の教言はいったい何を意味するものか。このような事実によるかぎり、その『御文章』（御文）の言葉は、すべて虚言、妄語にして、雲散霧消するほかはないでしょう。まことに愚かな話ではありませす。蓮如においては、このほかにも表相と裏面の相反する言動が見られるところであって、蓮如とは、そういう表と裏なる二重人格の持ち主で、その表相的な信心と生きざまは、まったく虚構に満ちたものでありました。このような人の言葉を聞いて、まことの浄土に往けるはずはないでしょう。かくして、その思想、言説を捉えるについては、その内実までも分析して、充分に客観的、批判的に考察されるべきでありましょう。

五　真宗における諸教団の動向

なおこのような覚如によって創設された本願寺教団に対する、関東の門弟教団のその後の動向をめぐっては、はじめは下野《しもつけ》国の高田を拠点としたところの、親鸞の門弟の真仏《しんぶつ》、そしてその門弟である顕智《けんち》、および遠江《とおとうみ》の専信らを中核とする高田門徒、専修寺教団が最大の勢力をもっていました。この高田門徒たちによってこそ、京都に親鸞の影堂が建立され、その影像が安置されたわけです。この高田門徒は、下野国を中心に、常陸《ひたち》、下総《しもふさ》、陸奥《むつ》、武蔵《むさし》、相模《さがみ》、遠江、三河《みかわ》、山城《やましろ》、丹波《たんば》、備後《びんご》、越前《えちぜん》までに、その教線をのばしていたといいます。そのほかに下総国の横曽根《よこそね》を拠点とした、性信《しょうしん》を中心とする横曽根門徒、また常陸国の鹿島《かしま》を拠点とする信海を中心とする鹿島門徒らも、それぞれ繁栄しておりました。

ことにその中でも主流であった高田門徒は、第十代の真慧（一四三四〜一五一二）の代に至ると、本願寺教団の動向に対応してその本山化を進め、その本寺を関東から越前《えちぜん》に移し、さらにはまた三重の一身田《いっしんでん》に移転させました。この教団は、もともとは本願寺教団をはるかに凌ぐほどの強大な教団でありましたが、公家の出身で貴族意識の強い真慧が、つねに守護大名の側に立って民衆を敵にまわしたのに対して、蓮如はつねに民衆の支持を受けながら行動したということ、そしてまた、当時の下剋上の社会的状況にも影響されて、その多くの農村の真宗門徒は、やがて高田門徒を離れ、なだれをうって本願寺教団に帰投していくこととなりました。

なお、その当時には、この高田門徒系の一分派としての京都の仏光寺教団、毫摂寺教団、近江《おうみ》の錦織寺教団、越前の三門徒教団などが、それぞれ繁栄していましたが、蓮如の時代に至ると、その多くは本願寺教団に吸収されていくこととなりました。

六　今日における東西本願寺の伝統教学の実態

以上、覚如・存覚・蓮如における真宗理解をめぐって、いささか概観してまいりましたが、そこではまず覚如が、関東の門弟教団に対抗して、新しく本願寺教団を創設するにあたって、証空の西山浄土宗の教義、信心を学習し、それを摂取したというところから、この本願寺教団はそもそもの出発点から、真宗理解についての屈折、誤謬を生み、反仏教的、非親鸞的な真宗教義が構築、主張されてきたわけでありました。そしてことに関東の門弟教団への対抗と、その貴族意識にもとづき、阿弥陀仏と衆生との仲介者としての善知識を設定し、それは「生身の如来」であり「如来の代官」でもあると語って信者に対応したということは、その点において、もはや親鸞の真宗とは大きく齟齬しているといわざるをえません。

またその息男の存覚の真宗理解をめぐっても、まことに非学問的、恣意的な解釈が多く、ことに真宗信心をして世俗の政治権力に妥協させる論理としての真俗二諦論を構築したことは、後世の真宗教義に対して、決定的な脱線をもたらすこととなったわけで、その罪科はまことに深重であるといわざるをえません。

また蓮如は、直前に述べたように、その真宗信心を私物化して、門弟や信者を支配したわけですが、そのことは、まったく仏法そして親鸞を裏切るものであって、それらのことからいえば、東西本願寺教団の伝統教学には、親鸞の根本意趣は何ら確かには伝統されてはおらず、このような脱線のいちじるしい覚如・存覚・蓮如の非親鸞的な真宗理解のみが継承されて今日に至っていることは、充分に認識、自覚されるべきでありましょう。

ことに「第一章　真宗教義の原点」において確認した、親鸞における真宗教義の原点としての真宗における行道とは、〈無量寿経〉に教示されるところの聞名不退の道であることが明瞭でありますが、この覚如・存覚・蓮如には、〈無量寿経〉について学習した形跡はなく、それについてはまったくの無知で何ら語るところはありません。これではとうてい、まことの信心が開発するはずもないでしょう。

そしてまた真実信心とは、まさしく「めざめ」体験であって、それはその必然として明確に人格変容をもたらし、新しい人格主体、信心主体を確立させてくるということでありました。そして、そのように新しく信心主体が確立するならば、その必然として、日常生活において、何らかの信心の「しるし」が生まれてくることとなります。親鸞は、真宗信心を学んだものは、ひとえにこのような信心の「しるし」を生きてゆけよと教言しているところです。また、ひろく社会的には、世の「いのり」に生きよとも教示しているわけです。

しかしながら、この覚如・存覚・蓮如が明かしたところの信心とは、まったく主客二元的に「帰属」する、「たすけたまへ」と「たのむ」ということであって、そこには何ら新しい人格変容が生まれることもなく、したがって、新しい信心主体が確立されることはありません。かくしてそこでは、真宗者の社会的な生き方については、つねに他の論理を借用するほかはなく、もっぱら王法為本、仁義為先というような、真俗二諦論を語らざるをえなかったわけであり、それはまったく非親鸞的な真宗理解といわざるをえません。今日における東西本願寺の伝統教学は、そういう似て非なる虚妄の真宗教義を、いまもなお、あいかわらず伝統し教説しているところです。

しかも、今日における真宗学者の中には、親鸞と覚如、親鸞と存覚、親鸞と蓮如は、まったく同一の信心を生きたといい、その教説したところも、まったく同一の教義であると主張する者がいますが、以上概観したところだけでも、両者の信心の内実、その教義理解は大きく齟齬していることは明瞭でありましょう。どうしてそれらが同一であるといいうるでしょうか。その相違は明確であります。これほどまでに開祖の親鸞の信心とその教義が相違するものを、親鸞の教説だと偽って語っている今日の東西本願寺の伝統教学は、まったくの偽瞞というほかはありません。

現代は何ごとについてもホンモノを志向する時代です。ニセモノは徹底して排除されます。やがて世の大衆、真宗を学ぼうとする真摯な人々は、真実の親鸞の意趣を求めていくこととなりましょうが、東西本願寺の伝統教学は、それでもなお、親鸞と覚如・存覚・蓮如とは同じだと言い張るのでしょうか。

第三章　近世における真宗教学

一　近世真宗教学の性格

1　日本仏教の変質

徳川幕府は、その創立以来、封建諸侯の上に強力な中央集権的封建体制を確立し、外には厳しい鎖国政策を敷き、内にはおびただしい法度《はっと》を発して、その体制の強化と維持に努めていきました。そしてその宗教政策においても、もっぱらこの封建体制保持の目的を貫徹させるために、新宗教であるキリスト教は徹底して禁止し、伝統の仏教に対しては、それを厳しく規制し管理するとともに、他方ではそれを巧みに保護し、利用するという政策をとりました。すなわち、多くの寺院法度にもとづいて、いわゆる本末制度として、諸宗の本寺、本山を幕府の直接的統制下に置き、全国の末寺はその本寺のもとに統制せしめるという、中央集権的組織化を図りました。

かくして幕府は、仏教各宗寺院のすべてを、自らの権力下に完全に掌握したわけです。そして幕府は、さらにそれを自らの政策遂行のために利用して、宗旨人別帳の制度をつくり、寺檀制度を強化して、末端の寺院をして人民の戸籍の管理にあたらしめ、さらには幕藩体制下の民心安定の役目をはたさせたわけであります。各宗の寺院もまた、その寺檀制度の見返りとして、葬式、法事などの、死者儀礼の一般化による経済的な利益を得ることとなりました。かくして、伝統の仏教教団は、徳川幕藩体制の下に見事に統制され、その組織の中に完全に組み込まれていったわけですが、そのことはまた同時に、日本における仏教教団自身が、本来の目標を見失い、主体性を喪失していったことでもあって、日本の仏教教団は、その全体を挙げて、自ら幕藩体制の補完物として大きく変質していったということでもありました。

そしてこの時代の真宗教学は、そういう政治的な状況のもとで、ことには(1)体制順応の教学、(2)法主隷属の教学、(3)訓詁註釈の教学という、三点にわたる特異な性格を形成していきました。

2　体制順応の教学

そのはじめの体制順応の教学を、もっとも明確に物語るものは、この時代に生起した異《い》安心《あんじん》事件のすべてが、最終的には幕府の政治権力の介入によって結着を見ているということです。すなわち、当時の異安心事件の主なるものは、西本願寺教団では承応《しょうおう》の鬩牆《げきしょう》、明和《めいわ》の法論《ほうろん》、三業惑乱《さんごうわくらん》があり、東本願寺教団では頓成事件《とんじょうじけん》がありました。

承応の鬩牆とは、学林第一代（正式には第二代）能化《のうけ》の西吟《さいぎん》（一六〇五～一六六三）と、その同門の月感《げっかん》（一六〇〇～一六七四）との間に起きた教学論争をいいます。すなわち、熊本に在住していた月感が、承応二（一六五三）年に上洛して、能化の西吟の宗義理解にかかわって、それが自性唯心の理観に偏執していることを指摘した弾劾状を本山に提示したことに始まり、両者の間の論争が嵩じて、西本願寺対興正寺という政治的抗争ともなり、三年後の明暦元（一六五五）年に、幕府の裁定によって、月感は出雲国玉造《たまつくり》に逼塞、学林の建造物は幕府によって破壊されるという結末を迎えました。

また明和の法論とは、播州の智暹《ちせん》（一七〇二～一七六八）と同門の第四代能化法霖《ほうりん》（一六九三～一七四一）、第五代義教《ぎきょう》（一六九四～一七六八）との間における教学論争をいいます。すなわち、智暹が明和七（一七六四）年に『浄土真宗本尊義』を著わして、従来の学林派が主張してきた、真宗における本尊とは『観無量寿経』第七華座観における住立空中尊であるという解釈は誤りであって、『無量寿経』所説の霊山現土の仏身こそが、まことの真宗の本尊であると主張しました。かくして学林派と智暹派の論争が始まりました。そして最終的には、五年後の明和六（一七六九）年に、京都の二条奉行所が、この智暹の著書の売買を禁止するということで落着しましたが、この問題は、その後もなお教団の中ではいろいろと長く尾を引いていきました。

三業惑乱とは、学林の第六代能化の功存《こうぞん》（一七二〇～一七九六）、および第七代能化の智洞《ちどう》（一七三六～一八〇五）らと、安芸の大瀛《だいえい》（一七六〇～一八〇四）、および豊前の道隠《どうおん》（一七四一～一八一三）らとの教学論争をいいます。すなわち、功存が宝暦十四（一七六四）年に『願《がん》生帰命弁《しょうきみょうべん》』なる書を出版しましたが、そこでは本願文の至心《ししん》・信楽《しんぎょう》・欲生《よくしょう》の三信心は欲生に帰一するもので、真宗信心とは、阿弥陀仏に向って助けたまえと、身口《しんく》意《い》の三業をもってたのむ、請求する心のことであると主張しております。このような真宗理解は学林における伝統的な解釈で、第二代能化智空《ちくう》や第五代能化の義教にも見られるものでした。そのような学林側の信心理解に対して、在野の教学者の中から、この『願生帰命弁』の主張を批判する者が次々と現われてきました。

そしてその流れの中で、寛政九（一七九七）年に安芸の大瀛は『横超直道金剛錍《おうちょうじきどうこんごうぺい》』を著して、この『願生帰命弁』を徹底的に批判いたしました。この大瀛の主張とは、本願文の三信心は、その信楽に帰一するもので、真宗の信心とは、たのむ、請求の心ではなく、ひとえに帰依信順、名号の領受を意味して、それはさらにいうならば、衆生の無疑の心に、法体名号《ほったいみょうごう》が仏によって捺印、印現《いんげん》されることだというものでした。かくして両者は、それぞれ多くの僧侶と信者を巻き込んで自説を主張することとなり、深刻な論争が続いていきました。そしてはじめのころには、本願寺の法主は功存、智洞の側について在野の教学を批判していたのですが、形勢が悪くなると、大瀛、道隠の側について、それを擁護するようになりました。当然に末端はいっそうの大混乱となりました。

文化元（一八〇四）年に、功存はすでに没していたので、学林派の智洞らと、在野派の大瀛、道隠らが、それぞれ江戸の寺社奉行に出頭を命ぜられて、取り調べられることとなりましたが、江戸においては、智洞らははじめより牢獄に入れられるという罪人扱いを受け、大瀛らは築地御坊に宿泊を許されるということで、寺社奉行の判定は、すでにはじめから大瀛側の勝利に決定していたわけで、その取調べ記録によりますと、幕府は智洞に向って廻心を勧め、さもなくば生命が危ないと威しているところからすると、智洞は牢獄において毒殺されたものと思われます。

かくして智洞は遠島（死没のために位牌を）、大瀛は途中で病没し、道隠は退院となり、西本願寺教団も、世間を掻擾させたという罪科によって、一〇〇日の間、閉門逼塞を命ぜられました。幕府権力側の立場としては、智洞らの三業帰命という、きわめて能動的な信心理解と、大瀛らの大悲信順、名号領受という、きわめて受動的な信心理解の両者については、当然にその受動的、体制的な教義理解に、賛意を表することはもとよりであったわけでしょう。かくして一〇年に及ぶ論争は、まったく世俗的な幕府権力の判定によって、ようやく終結したわけです。

また東本願寺の頓成事件とは、能登の頓成（一七九五～一八八七）が、二種深信《にしゅじんしん》の理解をめぐって、法《ほう》の深信は他力にして往生の真因であるが、機《き》の深信は自力にして信心ではないと主張しました。その法談に従うものが多くあり、東本願寺は種々に糺明しましたが服しないことから、江戸の寺社奉行に訴え、嘉永四（一八五一）年に幕府によって墨刑《ぼっけい》（額や腕などに入墨を施す刑罰）にされ、豊前に流罪となりました。

以上、東西本願寺教団における異安心事件について概観したわけですが、そのいずれの結着においても、最後には幕府権力、寺社奉行が裁定しているわけであって、そこでは出世なる真宗信心が、まったく世俗なる政治権力によって、その正否を裁断されており、近世の真宗教学は、しょせん徳川幕藩体制の中での世俗埋没の営みでしかなかったことが、明瞭に知られてくるところであります。

3　法主隷属の教学

そこで次に、近世における真宗教学の性格は、学問としての自由にして独立したものではなくて、もっぱら法主（門主・門首）の権威に隷属する教学でしかなかったということであります。そのことについては、たとえば、安永十（一七八一）年三月に、寺社奉行の照会によって、西本願寺の築地別院輪番が幕府に提出した文書によりますと、

御門主祖師相伝の安心の趣、諸門葉へ相い示され候ことゆえ、一宗にては善知識と称し来り申し候。

とあって、開祖の親鸞以来の信心を伝統継承するものは、ひとり善知識としての法主であるといっております。世俗的な血の伝統が、そのまま出世なる信心の正統なる継承を意味するというわけです。また文化四（一八〇七）年四月、西本願寺が学林（現龍谷大学）に下した学林取締り大綱によりますと、

御当流御安心の義は、御代々の善知識御相承これありてなされ、親しく御教化なしくだされ候おもむきをもって、自行化他いたし申すべきのところ、近年心得ちがいの者もこれあり、末学の抄書にこだわり、安心の正否を論じ候おもむき相い聞く、言語道断不届きにおぼしめされ候。（『学林万検』巻一）

といって、真宗の正統安心は、ひとり代々の善知識たる法主によって相承され、それにもとづいて判定が下されるべきであって、決して末学の書物によって安心の正否を論じては

ならないといっています。そしてまた同じその大綱によると、

御宗意御相承のとおり御直裁断候をこうむるやいなやの儀、所化記帳の上相いただすべく、その段御殿へ申し上げて正否の御糺しを願い奉るべき事。（中略）末学著述の書類、御本山御許容これなく開板するはもちろん、弟子らへ附与いたし候儀も御停止に候。万一心得ちがいの者これあるにおいては、くせごととなすべきこと。（『学林万検』巻二）

などと規定しております。学林の学生が、真宗の教義、信心を法主の相承のとおりに領解しているか、否かについては、つねに御殿まで申しでて、その正否の検尋、審査を受けよといい、また学者にして新しく書物を出版し、学林の学生に与える書物は、すべて本山の点検、許可を受けよというわけです。ここには当時の真宗教学が、いかに法主および教団権力に統制され、それに隷属するものであったかを、ものの見事に物語っているところです。

かくして近世の教学は、あくまでも法主権威を頂点とする教団内の教学でしかなく、当時の教学は、教団そのものを問い、あるいはまた、法主権威の意味を問うというような、自由にして自立した教学は、まったく成立しうべくもなかったわけであります。

したがって、上に見たような、覚如・存覚・蓮如におけるまったく脱線したところの真宗理解、その非親鸞的な文言や言動についても、いっさい問うことは許されませんでした。

しかしながら、それでもなお良心的で誠実な学者は、そのことを問題にしたわけですが、彼らはすべて、徹底して弾圧され排除されました。たとえば、江戸築地の性均《しょうきん》（一六七九〜一七五七）が、宝暦二（一七五二）年の安居《あんご》において『選択本願念仏集』を講義した際、学林側からさまざまに難詰されて論争となりましたが、その中で、真宗において語られる報謝の称名とは覚如に至って新しく創られた説であり、親鸞にはそういう思想はないと主張したことなどが問題となって激しい騒動が生じ、性均は身の危険を感じてひそかに江戸に逃れ、晩年は不遇であったといいます。

またすでに上において見た明和の法論の際に、智暹が、存覚の『浄土真要鈔』には親鸞の意趣と相違する理解があると発言したことから、本山より指弾されたことがあります。また安芸の僧叡《そうえい》（一七六二〜一八二六）が、行信論の理解において、親鸞の『教行証文類』の本義に立ちかえって、その行を称名念仏と捉え、またその信を心の澄浄と捉えて、法相《ほっそう》の表裡《ひょうり》という名目を立てて、真宗における行道においては、称名（行）が表であって信心（信）が裡（裏）であり、その両者は即一して一体であると主張しましたが、そのことは、蓮如の「たすけたまへ」と「たのむ」という信心理解と、信心正因称名報恩という、信前行後の論理に背反するといって、厳しく批判され、排除されました。かくして彼の著述のすべては、永く学林の蔵書、図書館に入蔵することが許されず、その没後しばらくして解禁されたといいます。いずれも第一級の教学者が、覚如・存覚・蓮如の理解を批判したということで排除されたわけです。

もって近世における真宗教学が、いかに法主隷属の教学であり、そこには何らの学問的な自由、独立は存在しなかったことが、よくよくうかがわれるところでありましょう。

4 訓詁註釈の教学

また当時の真宗教学が、上に見たように、徳川幕藩体制順応の教学であり、また本願寺の法主に隷属する教学であったところ、その必然として、そこには何らの自立的な生気もなく、学問、研究の自由はまったく存在しませんでした。したがって、たとえば親鸞の著作について研究するにあたり、それを思想の発展深化として捉えるという歴史的な視座から考察することもなく、他の思想、論理と対比して、その相違をめぐって研尋することもなく、またその思想表現と信心体験との乖離をめぐる問題に注目することなどは、いっさいありえませんでした。

したがってそこでは、すべてを一括して平面的に捉えて、インドにおいて成立したところの経典も、その後のインド、中国、日本において、時代を追って成立した七祖撰述も、親鸞の深い信心体験に根ざして成立した聖典も、またそれ以降において成立した西山浄土宗教義の焼直しの教義理解も、すべて同一内容を表現したものだと捉えたわけです。そこでは上に見たような歴史的視座も、論理的、思想的考察も、さらには体験的な思惟も、何ら見られるところはありませんでした。上に指摘したように、それを歴史的視座をもって捉えた性均が追放され、また新しく論理的考察をもって新説を主張した僧叡が厳しく弾圧、排除されたところです。

かくして近世の真宗教学には、そういう客観的な考察、または主体的な考察はまったく成立しえず、たんに聖典の文言を表層的になぞりながら、その文字の意味について、訓詁し註釈するということばかりがおこなわれたわけです。その点、この近世教学の性格とは、ひとえに訓詁註釈の教学であったといわざるをえません。かくしてそこで成立した教学とは、さまざまな学派が成立したといったところで、その内容はたいした相違もなくて、まさしく金太郎飴を切ったようなものにほかなりませんでした。

したがって、真宗教学がこのように訓詁註釈の学となったことの必然として、その教学が、教学者自身の信心体験を表白するという性格のものではなくて、むしろそういうものを排除する方向の中で、真宗教義のすべてにわたって、それを表層的、主客二元論的に把捉するということが進められていきました。たとえば、今日の伝統教学がしばしば用いる法徳《ほっとく》と機相《きそう》、密益《みつやく》と顕益《けんやく》、能行《のうぎょう》と所行《しょぎょう》、能信《のうしん》と所信《しょしん》、真諦《しんたい》と俗諦《ぞくたい》などという教学用語が、そのことを見事に物語っております。このような二元論的な発想は、大乗仏教においては語られるはずはなく、親鸞もまた、浄土真宗の教法を「浄土真宗は大乗のなかの至極なり」（『末灯鈔』真聖全二、六五八頁）といい、「一乗究竟の極説」（『教文類』真聖全二、四頁）と明かし、また「絶対不二の教、一実真如の道」（『愚禿鈔』真聖全二、四五八頁）などと語るわけであって、親鸞が真宗教義を二元論的に領解するはずはありません。そのことについては、すでに『真宗学概論――真宗学シリーズ2』において、詳細に述べたところです。

そこで上にあげた伝統教学における二元論的な用語について、いささか解説しますと次の通りです。まずその法徳と機相ということは、法徳とは、仏法の価値、功徳をいい、機相とは、その法徳、価値が人生生活の表相に現われてくることをいいます。かくして信心を理解するについては、信心とは、もっぱら死後来世の浄土往生のためのものであって現実の人生生活の表相（機相）に現われるものではなく、経典や親鸞が、信心の日々における具体的な利益として語っているものは、すべてその内面的な功徳、価値（法徳）について明かしたものであるという、信心における価値と表相の二元論的な解釈をいいます。

たとえば、「信文類」において、親鸞が信心、正定聚について「現生に十種の益を獲《う》る」（真聖全二、七二頁）といい、十種の利益を明かして、そこでは「心多《しんた》歓喜《かんぎ》」「知《ち》恩報徳《おんほうとく》」「常行大悲《じょうぎょうだいひ》」などという、きわめて現実的、具体的な利益を語りますが、近世、近代の教学においては、それらをすべて法徳として捉え、機相、現実の人生生活に具体的に現われるものではないと語ってきました。ただし今日においては、それらを機相に現われる利益と捉える者が現われましたが、なお西本願寺の伝統教学では、それらのすべてを認めるまでには至っておりません。

また密益と顕益ということも、上に見た法徳と機相と同じ概念で、いずれも真宗信心について明かしたものです。すなわち、密益とは、法徳と同じように表相に出ない価値をいい、顕益とは、生活に現われる利益をいいます。この用語は、もとは存覚の『浄土真要鈔』（真聖全三、一三四頁）に、また蓮如の『蓮如上人御一代記聞書』（真聖全三、五八二頁）に、信心の利益としての正定聚、不退転を説明するについて、それは密益であって、何ら現実の人生生活、機相に現われるものではない、顕益ではないと明かしているところです。上に述べた法徳と機相という信心解釈は、ひとえにこの存覚、蓮如の発想を継承しているわけです。かくして本願寺の伝統教学においては、今日までこれら存覚、蓮如の教示を墨守して、真宗信心とは、何らこの現実の人生生活に具体的な利益をもたらすものではなくて、もっぱら来世、死後の浄土往生の正因、キップにすぎないと語っているところです。

しかしながら、すでに『現代親鸞入門――真宗学シリーズ1』においても述べたように、現代の多くの人々は心を病んでいるのです。日々の人生生活において、それぞれが、さまざまな苦悩、障害をかかえながら、いかに生きていくべきか迷っているのです。経済状況の悪化の中で若者には働く場所がなく、また壮年、中年の人々にはリストラの波が容赦なく打ち寄せて、まことに住みにくい厳しい社会が到来しており、今日の日本では自死者が毎日一〇〇名近くも出ているといわれます。まったく異常な状況が続いています。

このような時代状況の中にあって、本願寺の伝統教学は、現代の大衆に向って、その苦悩する人々を、いったいどのように教導していこうとしているのでしょうか。依然として、真宗の教えとは死後の浄土往生のためのものだと語りつづけるのでしょうか。そんな教義、信心を語っても、現代の人々は誰も相手にはしてくれないでしょう。伝統教学と現代社会とが、まったく齟齬《そご》し断絶していることは明白です。これでは今日の真宗寺院における参聴者が激減するのは当然のことでしょう。

次に能行と所行、能信と所信という二元的な用語についても、その行については、仏教における行とは、遷流《せんる》（うつりかわる）の義と、人間の行為（おこない）の義があるといいますが、いまはその後者を意味し、自己の全力を尽して「さとり」「信心」をめざすことを「行」というわけです。また信についても、能入位の信は別として、仏教におけるまことの信心、能度位の信心とは、仏道の究竟を意味するもので、親鸞によれば、すでに上に見たように、「信心の智慧《ちえ》」「智慧の信心」と明かされるところで、それは菩薩道の第四十一位なる初地、不退転地なる「さとり」を意味します。

しかしながら、伝統教学においては、存覚における特殊な理解は別として、一般的には、その行を能行と所行、すなわち、能く行《よ》ずるところの能行としての私の行（称名）と、行ぜられるところの所行としての仏の行（名号）とに分別し、また信についても能信と所信、すなわち、能く信ずるところの能信としての私の信（信心）と、信ぜられるところの仏の信（智慧）とに分別して、私の行業と仏の行業、私の信心と仏の信心とを、まったく主客二元論的に区分して理解します。そして仏と私との間において、その所行（名号）と所信（智慧）の授受関係を語り、私がその仏の名号、仏の智慧を頂くところに、私における信心が開発、成立することとなるといいます。

では、ここでいう仏の行、名号をいただくということは、具体的には、いったいいかなる事態をいうのでしょうか、親鸞によれば、信心が開発するのは、一念という「時尅《じこく》の極《ごく》促《そく》」（『信文類』真聖全二、七一頁）においてであるといいますが、そのこととどうかかわるのでしょうか。またその信心とは、仏の信、智慧をいただくことだといいますが、具体的には、その仏の智慧がどのようにして授受されるのでしょうか。そういう二元論的な授受関係を語る発想は、まったくの観念的な解釈でしかなく、仏道の基本的原理からは、そんなことがとうてい成りたつはずはありません。それはもはや仏教でもなく、まして親鸞の意趣を遠く逸脱したところの、民俗宗教的な呪術、戯論というほかはありません。

このことをめぐって、親鸞が「信文類」の三心釈、その法義をめぐる解釈において、至心・信楽・欲生の本願の三信心を明かすについて、その三信心のいずれにおいても、それが私たちに皆無であるところ、阿弥陀仏自身がそれを成就して衆生へ廻施《えせ》されると明かしていますが、親鸞における信心とは、直前に見たように、「信心の智慧」「智慧の信心」としての「さとり」（初地、不退転地までのさとり）を意味するわけで、それを阿弥陀仏が衆生に授受し、廻施するということは、成りたつはずはありません。

この本願の三信心をめぐる、このようないわゆる機無《きむ》・円成《えんじょう》・廻施という表現は、仏教における「さとり」というものが、本来的に「煩悩即菩提《ぼんのうそくぼだい》」「生死即涅槃《しょうじそくねはん》」として、「まよい」のほかに「さとり」はなく、「さとり」においてこそ初めて「まよい」が顕となるという、絶対矛盾的自己同一の構造をもっていることを意味しているわけです。

すなわち、私が「信心」、「さとり」をひらくということは、そのこととひとつとなって、私がかぎりなく「まよい」の存在であることに、初めてめざめることにほかならないのです。そのことは親鸞における信心理解によるならば、信心とは、「地獄は一定《いちじょう》」（『歎異抄』真聖全二、七七四頁）としての信知《しんち》と、「往生は一定」（『末灯鈔』真聖全二、六八九頁）としての信知とが、絶対矛盾的自己同一なる構造をもっていることに共通するわけであって、そのことはさらに分かりやすくいえば、私においては、まったく無いものが不思議にも有るということであり、その点、真宗における信心体験とは、究極的な真実の現成として、「無にして有」、「有にして無」という、まったく矛盾対立する体験というほかはありません。それはまさしく絶対矛盾的自己同一の論理をもっているものです。

しかしながら、そういう矛盾的な信心体験を、一般に分かりやすく平面的に形式論理をもって説明するならば、それは如来によって成就されたものを衆生に廻施されたというほかはありません。すなわち、「有にして無」、「無にして有」という矛盾論理を形式論理で平易に表現するならば、それは「もらった」もの、「いただいた」ものというほかはないでしょう。いまの本願の三信心をめぐる機無・円成・廻施という説明は、そういう真実信心がもつ特有の矛盾的な構造を、親鸞が一般に分かりやすく、形式論理をもって明かしたものと理解すべきでしょう。『歎異抄』において、「如来よりたまはりたる信心」（真聖全二、七七六頁、七九一頁）と明かすものも、まったく同じ意趣によるものでしょう。

しかしながら、近世の真宗教学が、そういう思想、論理について何ら問うことなく、もっぱら文言に拘泥した訓詁註釈学に始終し、このような深い思想、論理を宿した親鸞の文章をまったく無視して、平面的、二元論的に解釈してきたところ、今日の伝統教学もまた、それをそのまま踏襲しているわけです。

真宗における「信心」、仏教における「さとり」は、決して仏と私における授受の関係において成りたつというものではありません。真宗における信心とは、すでに『真宗学概論――真宗学シリーズ2』においてよくよく述べたように、私の日々の身口意《しんくい》の三業《さんごう》の奉行《ぶぎょう》、礼拝《らいはい》・称名《しょうみょう》・憶念《おくねん》にもとづいてこそ、やがてその私から仏への称名念仏が、そのまま仏の私に対する呼び声と思いあたるということ、そのように「めざめ」ること、称名が逆転して聞名《もんみょう》となるという究極的な聞名体験を、真実信心というのです。

次に真諦と俗諦とは、もとは大乗仏教の用語であったものを換骨奪胎して語ったもので、真宗教義における二元論的発想のきわめつけです。そのもとは、西山浄土宗の教義を導入、模倣した覚如の教学理解に始まり、その息男の存覚によって、明確に真諦、俗諦の用語が語られることとなり、それを承けた蓮如によってさらに一般化されていったのです。

そして近世末期から近代初頭にかけて混乱する日本の政治状況において、真宗者の社会的な実践論が厳しく問われる中で、改めてこの存覚の真俗二諦論が注目をあびることとなりました。そして東西本願寺教団は、近代の初頭において新しく成立した天皇中心の国家体制に見合うように、自らの真宗教義を大きく改変して真俗二諦の教義を構築し、真諦とは仏法のことであり、それは心において阿弥陀仏を信心して、ひとえに来世の浄土往生を願うことを目的とし、俗諦とは王法・世法のことであり、それは体をもって天皇に忠節を尽すことを目的とするというものでありました。かくして、ここでは、その真諦と俗諦を、仏法と王法、阿弥陀仏と天皇、心と体、来世と現世とに見事に二分割し、それがともに車の両輪、鳥の両翼のように、よく相依していくべきだと教説いたしました。

しかしながら、このような真俗二諦の教義理解が、その後の東西本願寺教団の方向性を決定的に誤らせ、ついにはそのはてにおいて、アジア・太平洋戦争に際しては、戦時教学と名乗ったところの世俗転落の真宗教義、真宗信心を語ることとなり、敗戦において、そういう真俗二諦の真宗教義は完全に自己崩壊していったわけであります。だが東西本願寺の伝統教学は、戦後のいまもなおこの真俗二諦論をそのまま墨守して語りつづけているところですが、ここでは過去の真宗教学の誤謬がまったく自覚されてはいないわけです。まことに何をかいわんやというところです。だがこれが今日の東西本願寺における伝統教学の実態で、まことに悲しいかぎりです。

以上が、覚如・存覚・蓮如に始まり、近世教学における訓詁註釈学によって造語され、語られてきたところの、真宗教義をめぐる二元論的発想の主なる用語ですが、それらがもっぱら証空の西山浄土宗の教義を踏襲し、あるいはまた、のちの真宗教義理解の中で発想されたものであって、そのような教義理解は、親鸞においてはまったく見られない非真宗的なものです。その点、真宗教義を語る場合に、このような二元論的な用語を用いることはまことに危険であって、充分に注意されるべきことでありましょう。

二　近世教学における行信の理解

1　真宗における行信理解の混乱

親鸞における真宗の行信をめぐる領解は、すでに見たように、行については「大行《だいぎょう》とは則ち無碍光如来の名を称するなり」（「行文類」真聖全二、五頁）と明かし、また信については「信ずる心のいでくるは智慧のおこると知るべし」（『正像末和讃』左訓、親鸞全集・和讃篇一四五頁）と語るように、まったく主体的な私における称名念仏の行為と、智慧の成立としての究極的な「めざめ」体験を意味するものでありました。

そしてその行と信との関係は、すでにいろいろと述べたように、真宗の仏道とは聞名の道であって、それは親鸞の教示によれば、ひとえに称名念仏しつつ、その私から仏への私の称名がそのまま逆転して、仏から私への仏の呼び声として聞こえてくるようになること、すなわち、称名が聞名となる時、その聞名体験を信心というわけです。かくして親鸞においては、まことの称名とは、その聞名において、そのまま信心にほかならないわけで、

『末灯鈔』に、

行をはなれたる信はなしとききて候。又信はなれたる行なしとおぼしめすべし。（真聖全二、六七二頁）

と明かすように、行即信、信即行として、行信は一体、一如というべきものでありました。しかしながら、そのことが覚如、存覚、蓮如においては、まったく誤解されて、その行をめぐっては、覚如・蓮如においては阿弥陀仏の名号と捉えられ、存覚では私の称名行と理解されました。そしてその信をめぐっては、覚如・存覚においては帰属、帰順の心と捉えられ、蓮如では「たすけたまへとたのむ」ことだと解釈されました。そしてその行信の関係は、覚如・蓮如においては、もっぱら主客二元的に理解され、また存覚は「信行相備」「影略互顕」などといって両者の即一を語りますが、どうしてそうなるかについては何ら語りません。まったく観念的な理解といわざるをえません。

かくしてその後の真宗教学史においては、その教学が、門主中心、門主隷属の教学であったところ、親鸞と覚如・存覚・蓮如の真宗理解を、そのまま重層し合糅して捉えたので、その必然としていろいろと混乱し、まことに複雑にして難渋な解釈が生まれてくることとなりました。そしてそのことは、今日における伝統教学においてもさまざまな影響を及ぼしています。そこで、以下その近世教学史における行信理解をめぐって、いささか考察を進めることとします。

2　行を称名と捉える学派（存覚派）の行信理解

(1)　南渓における行信理解

真宗教学の中で、もっとも明快に行を称名と捉える筑前《ちくぜん》学派の南渓《なんけい》（一七八三～一八七三）の『行信一念贅語』によれば、行とは、

体に当体々あり、所依体あり、（中略）行の所依体は六字の果号これなり。当体々は一口称なり。行とは何をか行ず、曰く果号の六字を行じて、布施読誦等には非ず。是を行体とす。（『真宗全書』巻五二、四五一～二頁）

称とは口業の称声、名とは果仏の名号。衆生口に彼仏の本願成就の名を称念す。故に行と名く。（『真宗全書』巻五二、四六四頁）

などと明かすように、行については所依体と当体々の二面から理解できるが、まさしくは当体々において見るべきであり、それはまさしく衆生の口業なる称名を行というべきだと主張します。そしてまた信については、

信とは、所聞所受の境に於て忍許決定し、無疑無慮愛楽悦可する義なり。（中略）此の二具足し、悦可信楽し、（中略）本願に信（忍許）楽（愛楽）と云ふを、成就に開て八字

とし、聞信喜、三相具足を以て信の義を尽す。（『真宗全書』巻五一、四六四頁）

と述べて、信とは、所聞の対境について忍許決定し、愛楽悦可することであるといいます。このように信に忍許と愛楽の意味があるというのは、存覚の『六要鈔』に依拠したことがうかがわれますが、このように『六要鈔』に準拠するところ、信の意味についての理解が、親鸞の原意趣と大きく隔離していったことは、充分に注意されるべきところでありましょう。

そしてその行と信の関係については、

離合の二あり。合するときは二法ともに所帰の位、また二法共に機受の位に在り。離するときは、行は是所聞法の位、信は乃ち能聞機の位なり。（『真宗全書』巻五一、四六五頁）

と語って、合の立場からいえば、行信ともに所帰の位、機受の位にあって、いずれもその根源は阿弥陀仏の大慈悲心にほかならず、衆生にとっては、ともに仏の廻向法にほかならないといいます。しかしながら、離の立場からいえば、行とは所聞の法であり、信とはその行についての能聞の機について明かしたもので、

行は所聞にして教位にあり、信は能聞にして機の位とす。就行立信とは此の義なり。行信両巻の位は、此の門を主とす。（『真宗全書』巻五一、四六六頁）

というように、行としての称名は、所聞としての教位にあり、信は能聞として機位にあって、両者の関係は、聞信される対象と聞信する主体との二元的な能所の関係にあり、それが『教行証文類』の綱格、行信両文類の関係の基本であるというのです。

かくして南渓においては、行とは衆生の称名を指し、信とは対境についての忍許と愛楽の心のことであって、それは基本的には、行、念仏往生という教位なる所聞の法に対する能聞の心として、忍許、愛楽することでありますが、またその行信の関係については、称名を所聞とし信心を能聞とする行前信後の関係のほかに、本願文の三心十念に対配して信心から称名へという、能修所修、能成所成という信前行後の関係、そしてまた、その両者は互具不離であるという、行信同時という関係も見られると主張しております。

このように、行について称名と名号の二面を語り、またその行と信の関係について、行前信後、信前行後の二面を語るのは、まったく矛盾対立する、親鸞の真宗理解と、覚如・存覚・蓮如の真宗理解の両者を、強引に一つに重層し合糅しようとするための操作であって、このようなことは以下に見るいずれの学説にも共通するところでありますが、それは、近世教学における行信論が、まことに複雑であり、難渋であることの根本的な理由でもあります。

しかしながら、そのような解釈はまったくの観念的な解釈でしかなく、それは原点としての〈無量寿経〉における行道論、そして親鸞の『教行証文類』の根本意趣とは、大きく齟齬しズレているところであって、明確に〈無量寿経〉の立場、親鸞の根本意趣に立ちかえるならば、この近世二百数十年に及ぶ行信論をめぐる議論は、すべて一気に雲散霧消するわけで、それはまったく、徒労の営みでしかなかったといわざるをえないでしょう。近世における真宗教学の方法論が、法主隷属の教学であり、根本的に誤謬であったということでもあります。もって真宗学における学的方法論の確立がいかに重要であるかをよくよく物語るところであります。

(2)　興隆における行信理解

筑前学派ほど明快ではないとしても、同じように行を称名と捉えながらも、その根拠に名号の意味を認める越後《えちご》学派の興隆《こうりゅう》（一七五九～一八四二）によると、『教行証徴決』で、行とは、

謹んで此の巻の所明および相承の聖教を按ずるに、正に是れ能行にして当体全是所行なり。是の故にまた能所の行に通ずべし。（中略）豈に能行称名是れ大行にあらずや。然れば此の大行は毫も行者自力の所修に非ず、全く如来所成の大行なり。謂うところの如実修行の故に、能行即ち是れ所行なり。（『真宗全書』巻二二、八一頁）

と明かすように、明らかに衆生の称名を意味し、またその当体をいえば、あげて所行の名号であるといいます。そして信については詳しく論じるところはありませんが、『栖心斉随筆』に、

十住毘婆沙論に曰く、信とは決定に名づく。信の字は字典に曰く、疑わざるなり。故に信と決定とは異あることなし。（『真宗全書』巻五一、七頁）

と記し、また『六要鈔』によって、

信に二義あり。謂う所の忍許、愛楽是れなり。いまの信楽とは即ち此の二の意なり。因果に同時異時あると雖も倶に是れ因果異ることなし。（『真宗全書』巻五一、一二一頁）

と明かして、因果同時なる忍許と愛楽の心のことだといいます。すなわち、信とは決定無疑にして、忍許、愛楽の意味をもつと解していたことが明らかです。

そしてその行と信の関係については、『教行証徴決』に、

まさに知るべし。行信両巻は、一往横に論ずれば、則ち行巻は称名往生を顕わし、信巻は信仏往生を明かす。再往竪に論ずれば、則ち行巻は所信の大行を顕わし、信巻は能信の大信を明かす。ただ是れ聞信名号の義のみ。（『真宗全書』巻二二、八二頁）

と示して、一応は「行文類」は称名往生を明かし「信文類」は信心往生を説くものであるが、さらにいうならば、「行文類」の称名往生とは信の対象となるものであり、しかもそ

の称名の当体は名号であるところ、両者の関係は、ついには聞信名号ということになると理解します。そしてまたその行信の関係については、「能信所信並挙」と「能具所具並挙」（『真宗全書』巻二二、八三頁）の二義があって、はじめの「能信所信並挙」とは、行（称名往生）を所信、信（決定）を能信とするもので、これは第十七願と第十八願との関係を意味して、ついには名号を信受することであり、のちの「能具所具並挙」とは、信を能具とし行（称名）を所具とするもので、第十八願文における三心と十念の関係について明かすものであるといいます。

かくして興隆における行信の関係は、さらにいえば、

蓋し真宗の法義は行信行の次第なり。初めの行は所信の法体、次の信は能信の機受、後の行は相続の能行なり。此の能行は即ち所信の法を成ず、三法は展転循環して端なきなり。（『真宗全書』巻二二、八二頁）

というように、行（称名・名号）、信、行（称名）の関係にして、のちの行（称名）はまた初めの行となり、三法は展転循環するというわけです。

すなわち、興隆においては、行とは、基本的には称名と捉えながらも、その当体としては名号と理解し、信とは決定無疑、忍許、愛楽の意に解して、両者の関係は、行信行と三法展転するものであって、称名往生（名号）について決定、信順し、さらにはその信にも

とづいて、報恩の称名が相続されていくというわけで、行前信後なる所信と能信の関係と、信前行後なる能信と能行の関係があるというのです。

(3) 月珠における行信理解

同じく行を一応は称名と理解しながらも、またそこに名号の意味を認める豊前《ぶぜん》学派の月《げつ》珠《しゅ》（一七九五〜一八五六）によると、『広文類対問記』で、行とは、

能所不二の称名を以て他力の大行となす。（中略）此の称名は能所不二なり。故に念仏即ち南無阿弥陀仏と曰う。何故に能所不二なる、謂く能称功なき故に称即名、法体即行の故に名即称、何ぞ能所の異あらんや。（巻二、一丁）

と明かし、またその『行信義』では、

能称所称全くこれ信体の露現、内にあるを大信とし、外に発するを大行とす。（中略）名称一体能所不二。豈に口称を待て後始めて大行を成ずるものならんや。是を以って衆生の称名これを法体名号に合わせて、以って所聞位に安じて、浄土真実の行とす。

（『真宗全書』巻五一、四一〇頁）

と語っています。月珠においては、行とは能所不二の称名であって、称名はそのまま法体名号の顕現であり、名号はまたそのままですでに行を円満して、よく能称の徳を具している

というのです。すなわち、行とは称即名、名即称にして、名号ともいいうるし称名ともいいうるもので、「行文類」では、教義廃立の立場から、それを能所不二なる称名として明かしたのみであるといいます。そして信については、『広文類対問記』に、

信というは決定無疑を名づけて信となす。（巻五、四丁）

と明かします。ここでは信の性格、その意義については何ら考察することもなく、簡単に決定無疑のことであると註するだけです。

そしてこの行と信の関係については、『広文類対問記』に、

然るに行に二位あり。若し機受を論ずれば、信因称報にして行は必ず信に随う。真実信心は必ず名号を具す故に。若し法義に約せば、行表信裏、行は能く信を具す。故に専修と云うは唯仏名を称念して自力の心を離る。爾れば則ち大行は信を摂し以って教位に居す。信は能く行を具し以って機位に処す。是れ他力の行信なり。（巻四、五丁）

と説いております。すなわち、両者の関係は、教義についていえば、行表信裏にして、ただ仏名を称念して自力の心を離れることであり、機受についていえば、信因称報（信前行後）にして、真実の信心は必ず称名を具すということであると明かすわけです。この行表信裏という理解は、のちに見る僧叡における法相の表裡という理解に相似するものであって、その学説に影響されて主張したともうかがわれるところです。

そしてまた月珠は、その『行信両一念義』では、

法界の化導は行一念に依って立ち、万機の趣入は信一念に依って成ず。（中略）そこで法は行一念が主、機はいつも信が主、行で教へて信で受く。伝化弘通の方ではいつでも行で、教ふる方は称へよ往生するぞと教へ、受くる方は機功を離れ願力を信受するなり。（『真宗叢書』附巻、二五七頁）

と示して、教義の立場からは、教義相対として称名往生と教えるが、機受の立場からは、ただ願力に投託して法体名号を信受するにほかならないといっています。

(4)　深励における行信理解

近世における大谷派の教学は、本願寺派の学轍《がくてつ》分裂の状況に比べますと、もっぱら高倉《たかくら》学派の一轍を守って、ほとんど異流を生むことはありませんでした。その高倉一系の中心的な人物が深励《じんれい》（一七四九〜一八一七）であります。彼の『教行信証講義』に、行を、

十七願成就の南無阿弥陀仏は、衆生に称へさする為の名号ゆへ行と云なり。（『講義』巻二、一一〇頁）

行のすがたを釈するときは、能行であれ所行であれ、無碍光如来の御名を称るが行のすがたなり。行は全体行業の義で、身口意の三業のわざにかかる処でなければ、行と

は名けられぬ。故に行と名がつくは衆生の口に称へる処で名がつく。（『講義』巻二、一九頁）

と明かして、一応は名号を行というが、名号それ自身については行とは呼ばれず、その名号が衆生をして称えせしめる行であるところから、それを行というわけで、行とは、まさしくは衆生の称名をいい、名号を行といいうるのは、それが衆生によって称えられるべきものであるという理由によるからであるといいます。その点、「行文類」とは、名号（所行）と称名（能行）を明かすものであって、それは、

能行所行、共に次の信巻に明す信心が為の所信なり。まぎれぬやうにいはば、所信の行を明す行巻と云べし。所行を明す行巻と云ては義がつきぬなり。（『講義』巻二、一八頁）

といって、「信文類」に対して、信じられる対象について明かしたものであるというわけです。そのことは、より詳しくは、

諸仏称讃の教への言とは、この名号をとなへるものを助けたまふぞと勧めたまへども、行者の方へうけとるときは、さてはかかるいたづらものも、称へるばかりで御助ぞと、本願力を信ずるとき、行者の方へうけとるは南無阿弥陀仏の名号なり。そこで所行を信ずるも、能行を信ずるのも、所信の体は、ただ十七願成就の南無阿弥陀仏の名号じ

や。（『講義』巻一、四七頁）

と明かすとおりです。そして信とは、『唯信鈔文意録』に、

信の字に、まことと云う義と、疑はず誠にすると云う義との、二義のあること常のことぢやが、（中略）尤も仏経では、多くはこの信の字を、疑はずまことにすると云う義に遣ってあるなり。（『真宗全書』巻四二、一八一〜二頁）

と説くように、信には、真実の義と無疑の義の二義があるが、仏教では多く後の無疑の意味に用いるといいます。そして親鸞における信とは、

祖の信は、うたがふ心なきなりと云は必定して疑ひなきなり。（中略）そこで信ずると云と、たのむと云とは、文字の義は違へども、体は一つの信の一念なり。（『講義』巻三、七三〜四頁）

と明かして、本願、名号のいわれを聞きひらいて、決定、無疑になった心のことであるというわけです。

そしてこの行と信の関係については、

行巻に明す行は信巻の信心がための所信なり、此の趣きは行巻の初で弁じたり。所行を所信にすると、能行を所信にするとの二義門がある。（『講義』巻六、九頁）

然れば、行巻の所信、義解の辺では、所行を所信にすると、能行を所信にすると、二

の義門があれども、安心にとりては、ただ一つの名号を信ずるなり。（『講義』巻六、一一頁）

と明かすように、行には所行（名号）と能行（称名）の二面があるが、いずれもそれは信については所信の対象となるものであり、またそれは、

第十八願を念仏往生の願と名る時は、第十八が丸ながら、称名念仏で往生する事を誓ふた本願になる。本より信は離れぬ。また至心信楽の願と云う時は、第十八が丸々信心で往生する事を誓ふた本願になりてしまふ。本より行は離れぬ。（『講義』巻六、一二頁）

などと説いて、行を先として念仏往生と語る場合にも、その念仏（行）には信が離れず、また信を先として信心往生と語る場合にも、その信には念仏（行）が離れず、行信不離、信行不離であるというわけです。

3　行を名号と捉える学派（覚如・蓮如派）の行信理解

(1)　大瀛における行信理解

真宗教学史中において、もっとも明快に行を名号と規定する芿園《せいえん》学派の大瀛《だいえい》（一七六〇～一八〇四）によりますと、その『大行義』に、行を、

真実大行とは、謂く至徳の尊号なり。是れ如来廻向の無礙の行なるが故に、行者の口称を須って方に行名を得るに非ず。（『真宗叢書』附巻、一一頁）

と明かすように、それはまさしく名号であるといいます。いわゆる法体直爾《ほったいじきじ》の大行説です。親鸞の「行文類」に「大行とは則ち無碍光如来の名を称するなり」というのは、「本を以って末を摂し、末に寄せて本を顕さんが為めなり。本は謂く名号、末は謂く称念、本末相依って他力の深義顕る」（『大行義』『真宗叢書』附巻、一二頁）というように、それはひとえに寄顕の文であって、大行とは名号にほかならないと主張するわけです。そして『信一念義章』に、信を、

信は決定と名づく（『真宗叢書』附巻、二八頁）

と語り、また『浄土文類聚鈔崇信記』に、

その名号を聞いて仏智満入す。是れを信体となす。信心歓喜とは、是れその信相なり。
（『真宗全書』巻三八、三八頁）

と明かして、一応は決定のことであり、信心歓喜のことであると理解しながらも、『浄土文類聚鈔崇信記』では、

信とはまた三義あり。一には真実を義となす。二には忍可を義となす。三には楽欲を義となす。通途の論釈はただ後の二を存す。本願一乗は特に初義を得る。是を以って、

後の二はまた自ら絶えて異せり。（『真宗全書』巻三八、五二頁）

と明かして、信とは一般仏教においては、忍可、楽欲の意味があるけれども、真宗における信については、かかる意味はなく、まさしく真実心のことであるといいます。すなわち、真宗において語られる信心とは、ひとえに阿弥陀仏の真実心、その具体的な示形としての名号が、衆生の心中に印現され廻施されて、それを領受したものであって、それはまさしく真実心といわれるべきものだというわけです。

行と信の関係については、『崇信記』によると、四種の関係があるといいます。すなわち、第一には行信門といい、名号が衆生の心中に投入されて信心となるという行前信後の関係。第二には信行門といい、行とは称名にして信心のあとに自ら報謝の称名が発するという信前行後の関係。第三には各立門といい、行（名号と称名）と信とはその相が別であって、はじめの行信門によれば法体と機受の別があり、のちの信行門によれば正因と報恩の別がある。第四には相即門といい、行と信とはその体は一であって、行信門によれば機法不二であり、信行門によれば念声是一であって、それはついには名号に帰一する。かくして行信の関係はこの四種に摂《おさ》まるといいます。

(2) 玄雄における行信理解

芿園学派ほど明快ではありませんが、同じように行を名号と捉える立場に立ちながら、また他方においては、称名の意味も是認する龍華《りゅうげ》学派の玄雄《げんゆう》（一八〇四〜一八八二）は、『本願行信旋火輪』に、行を、

この行は他力廻施の法体にして、直に仏名を指して行と名づく。宝章に、南無阿弥陀仏の行体、或いは往生の行とのたまへるこれなり。決して衆生称名行のことにあらず。（『真宗全書』巻五一、四二三頁）

と語って、行とは称名ではなくて法体の名号であると規定します。そして従来の教学が能行所行と分別することは、存覚の『六要鈔』の用例、意趣と相異するといって批判し、自ら本行と末行という新しい名目を立て、本行とは、

一句尊号をさして行とするときのことなり。（『旋火輪』『真宗全書』巻五一、四二七頁）

といって、第十七願の諸仏所讃の法体名号をいい、末行とは、

衆生の称名なり。（『旋火輪』『真宗全書』巻五一、四二七頁）

といって、第十八願の乃至十念なる称名であるといいます。そして、

その称名即ち弥陀廻向法故に、この義ある故に、本中摂末。もて所信所聞の法とするが、行巻の主とするところなり。（『旋火輪』『真宗全書』巻五一、四二八頁）

と明かして、「行文類」の大行とは、本行の中に末行を摂したものであって、行とは基本的には法体名号であると主張します。そして信とは、『本願行信旋火輪』に、

夫れ衆生の仏勅をうくるや、信順のほかなし。（中略）阿弥陀仏の仏体即ち全体施名と勅命に入り来りて、衆生の帰順を成ず。此れを信とす。この信豈江南の火をききて疑はざるの類ならんや。仏智満入を指して信心とする故なり。（『真宗全書』巻五一、四二二頁）

などと明かすように、それは順従の義であって、仏の勅命に対していちずに信順、帰順することであり、さらにいえば、衆生の心中に仏智が満入するということでもあるといいます。

そして行と信の関係については、『本願行信旋火輪』によると、「全信成行」、「全行成信」の二句をもって説明できるといいます。「全信成行」とは、

名号は衆生の唯信往生を成じて施行、流行と動ひて、機につたはる辺にて行と名づけ、而して之れを領受するや、ただ二尊の勅命に順従するのみなれば、信の目を立てるなり。（『真宗全書』巻五一、四二二頁）

と語るように、法体名号なる行は、つねに動いて衆生の信心となり、その信心において信心を体としてこそ、よく行は成就することをいい、ここに「行文類」所明の意趣があると

いいます。そして「全行成信」とは、

大行、先に述べる如く、唯信得脱の義なれば、そのまま機上に印現せる処の仏智満入を、信心獲得とす。今の全行成信是れなり。（『真宗全書』巻五一、四二二頁）

と示すところで、法体名号の行がよく衆生の心中に印現して信心の体となることをいい、「信文類」所明の意趣がここにあるというわけです。かくして、信心には必ず法体名号を具するのであって、信後の称名というも、それは信心の得益にほかならず、その称名も法体名号の顕現であるかぎり、それはすなわち、信心は名号を具すというべきであるといいます。

かくして、ここでは信前行後の論理を認めつつも、その行は末行の称名にあらずして本行の名号に帰結するというわけです。そして玄雄は、この「全信成行」、「全行成信」の二句を合説して、行と信、法体名号と衆生の信心とは、相全相成して、あたかも旋火輪のように、行、信、行と展開していくというわけです。その点、上に見た興隆における行信行の三法展転の論理と共通するものですが、興隆においては、その行が基本的には称名と捉えられているのに対して、玄雄においては、その行を法体大行に帰結して理解するところが相違します。

(3)　善譲における行信理解

基本的には行を名号と捉えながらも、また同時にそれを称名とも理解して、いわゆる能所不二の名号大行と規定する空華《くうげ》学派の善譲《ぜんじょう》（一八〇八〜一八八六）によると、『本典敬信記』に、行とは、

此の教行証の行は、能所不二鎔融無礙の大行。局って所とも取るべからず、また能行とも局るべからず。能とすれば能なり、所とすれば所なり。融通無礙にあつかはれるが、他力真実の大行と存ぜらるるなり。（『真宗全書』巻三〇、一七頁）

と明かされるように、法体名号をもってただちに大行と捉え、その大行がつねに衆生をして信ぜしめ、行ぜしめつつあるのであって、行とは能所不二、鎔融無礙にして、能行、所行いずれの一方にも限るべきではなく、称名即名号、名号即称名であるというわけです。すなわち、能所不二なる名号直爾の法体大行説の主張です。

かくして「行文類」の所明については、「所行を全うするの能行」（『真宗全書』巻三〇、一三五頁）を明かす面と、「能行を全うするの法体大行」（『真宗全書』巻三〇、一三六頁）を明かす面との二側面があって、前者は機位にして「行文類」に「信文類」が摂せられて念仏往生を明かす立場であり、後者は教位にして「行文類」は「信文類」に対する所信について明かす立場だというわけです。そして信については、『本典敬信記』に、

信と云うは、（中略）畢竟じて云へば、聞其名号信心歓喜にて、諸仏称讃の名号を聞きとどけたるが信心なり。故にその信と云うは諸仏所讃の名号を当てにし頼みにしたるなり。（『真宗全書』巻三一、一四頁）

と明かして、それは通途によれば心の渾濁を離れることであり、真宗においていえば、疑濁の全尽した清浄願往生心のことだが、畢竟じていえば、名号を聞きとどけ、その名号を当てたより、頼むことであるといいます。その点、称名派の信心理解に比較すると、この名号派の信心理解は、いずれも存覚において採用された忍許、愛楽の意味を否定していることは、まことに興味あるところです。また上に見た玄雄が信心を帰順、信順と捉え、またこの善譲が信心を当てたより、頼むことだといって、まったく二元的、対象的な依憑《えひょう》の心、たのむ心と理解していることは、充分に注目すべきことでありましょう。

そしてその行と信との関係については、その『行信弁』に、

信行の所明に就いて略して二門あり。一に信行而二門、この一門は当体に別を弁ず、行信次第に約すれば則ち法体機受の別、信行次第に約すれば則ち正因報恩の別、信行二法、二法条然たり。二に信行不離門、この一門は当相に即を談ず、その体これ一なる故に義も亦随って融ず、行信を次第に約するときは機法不二なり、信行次第に約するときは念声是一なり、信行たゞ是れ南無阿弥陀仏。（『真宗叢書』附巻、二六〇頁）

と語って、そこでは信行二而門と信行不離門とを語っています。それによると、信と行とは本来に不離であるとし、しかもその不離の内容については、信行二而門と信行不離門との二面があるというわけです。そして信行二而門とは二相不離のことで、信と行とは、その相は判然と隔別するものであるが、しかもまたその両者は不離であって、法体機受についていえば行前信後となり、両者機受についていえば信因称恩の信前行後となるといいます。そして信行不離門とは融即不離のことで、信と行、信心と称名との間に当体全是の不離を語り、機法不二についていえば行前信後となり、両者機受についていえば念声是一にして信前行後となるといいます。

4　僧叡における行信理解

以上、概観したように、近世真宗教学史においては、行信理解をめぐって、行を称名と理解する立場（存覚派）と、行を名号と理解する立場（覚如・蓮如派）とに分かれていますが、いずれの立場においても、行と信とは能所、主客の関係において、さらには教位と機位の関係において、常に行は信の対象として捉えられています。

しかしながら、次に見る石泉《せきせん》学派の僧叡《そうえい》（一七六二～一八二六）は、ひとり行も信もともに機受として、衆生なる宗教的主体における具体的な事実として理解しており、それは真

宗教学史上ではまったく特異な地位を占めるものといいうるでしょう。僧叡においては、その行とは、『教行信証文類随聞記』に、

行は能行なり。大行者則称無礙光如来名と。無礙光如来名は、教中に在り。教中に在る本願名号の体なり。称は此の方へ受取たのなり。称が表に立つなり。所行能行一つになりたれど、能行が表となる。（『真宗全書』巻二六、九八頁）

と明かすように、明快に私における称名が行であると規定いたします。そのことはまた、

真実の行信といふは、この二法はともに衆生の上にて説ける法門なり。（中略）願力を能被の法として衆生に授く、衆生それを受持して行信の二法となる。一つの願力二法となることは所在に従ひて之を分つ、その体はただこれ願力なり。本願の念仏といひ、弘願の信心といふ等見つべし。すなはち廻向の行信のこころなり。（『柴門玄話』『真宗叢書』附巻、四六頁）

というところにも明瞭であります。すなわち、「教文類」に説く阿弥陀仏の本願力を受持することによって、行と信の二法が成立するわけであり、それが口にあるを行といい、心にあるを信と呼ぶというわけです。そしてその信を、『教行信証文類随聞記』に、

此の信と云ふも、自性の物柄を云と、心を掃除して清からしむるなり。心は心王なり。清からしむとは、心が澄んで奇麗になる。其れが信と云ふ物柄なり。（『真宗全書』巻二

七、一八六～七頁）

唯信仏語と真受けにする。故に信機なり信法なり。何にもつかへたこと無し。斯る機法の義を聞くが仏願の義を聞くなり。其れで心の内は澄み渡るなり。未聞の前は、機も法も濁り果てて、自身をも見限り詰めることも出来ずにありた者が、仏願の機法を聞て、心が澄んで来る。此れ信心の模様なり。心の澄浄《ちょうじょう》なるが信の自性なり。（『真宗全書』巻二八、四二頁）

と明かします。他の学派における信心理解とは、明確に相違する特異な理解です。ここでは仏教における基本的な信の定義に従って、信の自性とは「心の澄浄」なることであるとし、仏願の義理を聞いて、信機信法と信知の眼がひらけ、心が澄んでくることを信心というのです。これはまことに見事な信心理解です。このように真宗における信心を、仏教の本義の立場から捉えて、明快に一元的、主体的な「心の澄浄」なることであると明かしたのは、真宗教学史上、この僧叡ただ一人であって、僧叡における仏教領解の確かさがよくうかがわれるところです。

そして行と信の関係については、『教行信証文類随聞記』に、

行信は離れぬ者なり。末灯鈔に信の一念行の一念等と、両一念不離の釈あり。此の不離にとりて両向あり。謂く向前・向後の二つなり。（『真宗全書』巻二六、一〇六頁）

と説いて、行信の不離を語りながら、その不離について、向前と向後の二面があるといいます。そして向前とは教に対する立場を意味して、教法に対しては、行信ともに機受の法であって両者は不離であるといい、また向後とは、下の証に向う立場を意味して、証果に対しても、行信ともに正因の法であって、両者は不離であるというわけです。しかしながら、僧叡はまた、行信不離について、

然るに不相離の中、自から二義の次第ありて存す。二義と言うは、一には表裡なり、建立に由るが故に。二には初後なり、稟受《ほんじゅ》に由るが故に。（『文類述聞』巻二、四丁）

といいます。これがいわゆる「法相の表裡」「稟受の前後」（『柴門玄話』『真宗叢書』附巻、四七頁）と明かされる理解で、その法相の表裡とは、真宗教義の綱格において、教行証の三法をもって示すところの行（称名）を表とし、信（信心）を裡とした、行の中に信を摂した論理についていうものです。この場合には、一応は「行文類」「信文類」と次第して、行前信後となりますが、それはより本質的には、「行中持信、行信同時に相応して在る者なり」（『教行信証文類随聞記』『真宗全書』巻二六、一〇〇頁）と明かすように、両者は同時相応するものだといいます。

そしてまた稟受の前後とは、衆生が阿弥陀仏の願力を稟受、領解するについての論理をいいます。その場合には、伝統的な解釈としての本願文の三心十念を承けて、信（信心）

が前であって、行〈称名〉が後となります。この法相の表裡、稟受の前後の両者は、本来的に矛盾対立する発想ですが、稟受の前後とは、僧叡自身、心ならずも伝統の信因称報の教説に同調して語ったものでありましょう。近世教学における封建的体制内での学問の不自由さが、改めてうかがい知られてくる一駒でもあります。

5　近世教学における行信理解の帰結

以上、近世真宗教学史上の諸学派における行信思想について概観してきましたが、ここで明らかになったのは、行については、それを人間の称名と捉えるか、仏の名号そのものとして捉えるか、またはその両者の折衷として称名名号不二なる行と捉えるかの三種のタイプが見られるということです。

その折衷説についても、なお厳密には、称名に傾斜するものと名号に傾斜するものとがあって、微細には相違が見られますが、大きく分ければ、この三種のタイプに分類できるようです。しかも、その行は、基本的には、信に対する所信としての教位に位置するものであって、それを称名と捉える場合には、称名念仏往生の行道を意味し、それを名号と捉える場合には、名体不二なる法体名号それ自身を意味するというわけです。ただし、僧叡の理解のみは異なっており、行を称名と捉えながらも、それは信の対象ではなくて、信と同じく機位に属するものだというわけです。

そして信については、それを信の基本的な字義に従って、決定無疑と捉えるもの、存覚の『六要鈔』の理解に従って、忍許、愛楽と捉えるもの、また覚如・蓮如の理解に従って、帰順、たのむと捉えるものがありますが、それはいずれも二元的、対象的な信として、上に見た行（名号または称名）に対する無疑決定、さらにはそれに対する領納、帰順の心的態度を意味するものでありました。ただし、それ以外に、信についての特殊な解釈としては、大瀛がそれを真実心と捉え、また僧叡がそれを心の澄浄を捉えていることは興味のあるところであり、ことに僧叡における心の澄浄という解釈は、仏教、さらには浄土教における信の本質を見事に捉えているわけであって、充分に注目されるべきところでしょう。

次に行と信との関係については、親鸞の『教行証文類』の組織にもとづいて、行前信後の関係を語り、その行を称名、名号のいずれに捉える場合でも、基本的には、それを教位の位置に置き、信の対象として行前信後とする理解があります。ただし、僧叡の理解が特異であることは上に見たとおりです。そしてまた行信不離の関係を語るものがありますが、それは存覚の『六要鈔』の理解を継承するものです。それについては、南渓のように、行前信後を認めた上で語るものと、深励のように、行信と信行の両者にかけて不離を語るものとがあります。またそのような前後や不離を語らず、両者を同時として、その表裡の関係を主張する僧叡の説があります。

しかしながら、いずれの学説においても、上の諸種の理解とともに、他面では信前行後を語りますが、これは、親鸞の原意趣とは異質でありながら覚如・蓮如によって主張されてきた信心正因称名報恩の教義理解にもとづくものであります。すなわち、いずれの学説も、すべて伝統教学の体制内において成立したものであるかぎり、それぞれ独自な行信の関係を主張しながらも、反面において、この信前行後の関係も認めて、二重の関係を語らざるをえなかったわけでありましょう。

いずれにしても、近世真宗教学史における行信理解はきわめて多様でありますが、そこでは、すでに上において見たように、つねに覚如・存覚・蓮如の真宗理解を、親鸞のそれと同格に認めて、それらの間に介在する思想的矛盾や齟齬を、苦心してなんとか会通《えつう》し、合糅しようと試みているわけであって、従来において、この行信に関する理解がきわめて複雑であり、それに対する理解が難渋であるということは、ひとえにここに基因するものであります。その意味においては、親鸞における行信理解を原点とし、覚如以下は、すべて真宗教学史上の一見解にすぎないという立場に立つならば、この問題はきわめて明快に解決されてくることでしょう。

今日における伝統教学は、いまもってこのような難渋な近世以来の行信理解を伝承していますが、まことに非学問的な話です。すみやかに真宗学の方法論、ことには真宗教学史の視座を明確化することによって、ただちに親鸞の原意趣に直参し、それに即するところの行信理解を確立していくべきでありましょう。その点、上に見た僧叡の理解における、「法相の表裡」という名目を立てて明らかにした行と信とをともに機位において捉え、その両者についての同時相即を語る主張は、もっともよく親鸞の原意趣に沿うものとして、充分に評価されるべきものであると考えられます。

三　国王不礼の文をめぐる理解

1　『菩薩戒経』の原意

そこで次に、近世における真宗教学の社会的な姿勢の実態をうかがうために、親鸞が「化身土文類」において主張している国王不礼《こくおうふらい》の文をめぐって、当時の教学者たちがどのように解釈しているかを一瞥してみることとします。

この国王不礼の文は、「化身土文類」に、

『菩薩戒経』にのたまわく、出家の人の法、国王に向って礼拝せず、父母に向って礼

拝せず、六親に務《つか》へず、鬼神を礼せず。（真聖全二、一九一～二頁）

と明かされるもので、ここで親鸞は、『菩薩戒経』の文を引用して、仏道を学ぶ者は、世俗の中の最上の権威の国王、または世俗の中でもっとも断ちがたい血の論理にまつわる父母や六親、および日常生活にさまざまな影響をもたらすという鬼神などを、礼拝してはならないというのです。ここでいう「礼」や「務」とは、それらに絶対的な価値を認めて帰依し、敬礼することで、仏法を学ぶ者は、何よりも世俗を超えて出世を志向すべきであって、それらの世俗の価値を絶対的なものと認め、それらにまどわされて、自分のまことの在り方を見失ってはならないと誡めているわけであります。

もともとこの『菩薩戒経』とは、詳しくは『梵網経盧舎那仏説菩薩心地戒品』といい、今日では、この経典は、紀元五世紀のころに中国において成立したものであろうと考えられていますが、大乗仏教における戒法を明かしたもので、在家者、出家者に共通するものでした。その意味では、ここで「出家の人の法」というのは、仏教徒の法という意味にほかなりません。仏教徒たる者は、この世俗における政治的権威や、肉親の繋縛や、邪偽なる神々に迷ってはならないというわけです。親鸞は、そういう世俗の価値に迷惑してはならない、それらを超えた真実の価値、永遠なるものをこそ、いちずに願い求めて生きていけよと教えたのです。それがこの国王不礼の文の意味するところの教示であります。

2 真宗教学者の解釈

そこで、親鸞によって示されたそのような教言を、近世の教学者たちはどのように解釈したかということですが、その多くはまったく平面的に、またさらには、きわめて世俗的に理解しているところです。すなわち、次のとおりです。

本願寺派に属する智暹《ちせん》（一七〇二〜一七六八）は、『本典樹心録』において、

国王父母を拝せずとは、ただこれ律儀にして不忠不孝を啓するの謂に非ず。賓頭盧、優塡王を拝し、袈裟を売つて食を求め、仏受けずして父母に供するの類、孝は戒の本なり。（『真宗全書』巻三六、一四四頁）

と明かし、国王父母を拝せずというのは、戒法でいうところの話であって、不忠不孝を教えるものではないといいます。

また玄智《げんち》（一七三四〜一七九四）は、『教行信証光融録』において、

梵網経戒本取意の文の国王父母を礼せずとは、出家の人の律儀を説く。出家は悉く礼を作さざると言うにあらず。唯道俗の別を示す。豈これ不忠不孝の謂ならんや。故に用うると否とは時に従う。賓頭盧の優塡王を迎えて七歩を縁ずるが如し。（『真宗全書』巻二五、四九二頁）

と語って、国王父母を礼せずというのは、出世の人の戒法であるが、出家者でも、すべてそうしなければならないというものではなくて、そのことは時機《じき》によって判断すればよい、としております。

また月珠（一七九五〜一八五六）は、『本典対問記』において、

今この引意は鬼神を礼せざるを其の所主と為し出家の法を示す。鬼神を礼すべからざるの意を彰すのみ（巻一〇、末一二頁）

と明かして、これは、この経文が説く国王不礼、父母不礼、六親不務、鬼神不礼の四事の中の、最後の鬼神不礼について明かしたものであって、国王不礼の文は、ついでに引用したものにすぎないといいます。

また善譲（一八〇八〜一八八六）は、『本典敬信記』において、

此文已下別して出家の人に就て、邪道に事ること勿れと誡るなりと言へり。爾るべきことなり。但し此文を心得損なふときは、唯身を高ぶるの道具となりて甚だ仏意に背く。此の仏弟子たるものは、三世諸仏の解脱幢相を身に纏ふが故に、国王等を礼せずと云へることは、仏の御衣服たる袈裟を重んずるが故なり。心の内には国王等に向ては、憍慢にならざる様心掛けざる可からず。実に袈裟を重んじて国王等を礼せざるときは、則ち御咎めには預らざれども、心得違ふて身を高ぶるときは、御上より御咎め

に逢ふ。心得べきことなり。（『真宗全書』巻三一、六六四頁）

と明かしております。ここでは「国王等に向ては、憍慢にならざる様心掛けざる可からず」といい、また「御上より御咎めに逢ふ。心得べきことなり」といって、まったく世俗一辺倒の考え方をもって解釈しているところです。

また大谷派の鳳嶺《ほうれい》（一七四八～一八一六）は、『教行信証報恩記』に、

今国王父母を拝せずと言うは文に乗じて律法を示す。経律の中にいまだ在家を拝するの文を見ず、若し世法に随順すれば則ち用捨あるべし。（『真宗全書』巻二一、四七一～二頁）

と語って、この文は律法について示したもので、世間通途ではよく考えて、用いるか用いないかは判断すべきであるといいます。

また同じく大谷派の宣明《せんみょう》（一七四九～一八二一）は、『広文類聞誌』において、

今は別して出家の人の法を説けり、爰では文の如く義を取るは宣しからず。（『続真宗大系』巻六、三五三頁）

と述べて、これは出家者のための戒法について明かしたもので、文面のとおりに読むべきではないといいます。

いずれも世俗的な視点からの、弁明的な解釈に始終しているわけで、この文は、ひとえ

に「鬼神を礼すべからず」ということを明かしたものであるといい、また「文の如く義を取るは宜しからず」とも語っております。またこの文は「不忠不孝を啓するの謂に非ず」といい「用うると否とは時に従」え、「世法に随順すれば則ち用捨あるべし」とまでいいます。いずれもまったく世俗の論理に妥協した解釈です。ここで教示されている親鸞の意趣とは、そんな浅薄なものであったのでしょうか。まことに低俗な解釈といわざるをえません。

3　僧叡における解釈

ただし、本願寺派の僧叡（一七六二〜一八二六）の理解はきわめて明快です。その『教行信証随聞記』には、

最後の梵網経の戒、不向国王礼拝不向父母礼拝六親不務までの三つ、此等は世間へ取て不都合なことの様なが、凡そ出家たる自分、仏弟子たる者、三世諸仏解脱幢相の服たる袈裟かける者は、俗に向て礼拝することは無きことなり。（中略）故に梵網経の説、身を高振ることとでは決して無し。此は袈裟を尊敬するなり。俗人などへ応対のときはほとほと心得あるべきことなり。（『真宗全書』巻二九、四八一〜二頁）

と明かしております。出家者、仏弟子たるものは、「俗に向って礼拝すること無きことな

り」、あってはならないことだといいます。そしてまた、それは「身を高振ることでは決して無し。（中略）俗人などへの応対のときはほとほと心得あるべきことなり」と説きます。ここでは「出家の人の法」を僧侶と理解しておりますが、この文の意味は、すでに上に見たように、出家者、在家者共通の戒法を明かしたもので、その本義は仏教徒の在り方を教示したものです。いまもそのように領解すべきでありましょう。ともあれ、この僧叡の理解は、当時の教学者の中でただ一人だけ、親鸞の原意趣にもっとも近い領解として、高く評価されるべきでしょう。

ところで、多くの教学者たちが、この文を、すべて平面的、世俗的な次元に下ろして理解している中で、この僧叡のみがどうして、そういう、親鸞の引意、原意趣に近い解釈をなしえたのでしょうか。そこにはいろいろな理由が考えられますが、私は何よりも、僧叡における特異なる信心理解にもとづいてこそ、そのような見解が生まれてきたものであろうと思うことです。

すなわち、僧叡の信心理解が、すでに上に見たように、まったく一元的、主体的に捉えられて、「心の澄浄」であると領解していることに連なるものではないかと思います。このような主体的な信心理解は、その必然として、明確な人格主体の確立をもたらすところであって、そういう主体の確立にもとづいてこそ、初めてこのような領解が成立したものと思われます。ここでは、親鸞が教示している信心の「しるし」を生きるということと重ねても、そのように考えられるところであります。

それに対して、近世の教学者の中で、もっとも世俗的に解釈して、「御上より御咎めに逢ふ」といって怖れている善譲の信心理解が、すでに上において見たように、まったく二元的、対象的に、「信と云うは諸仏所讃の名号を当てにし頼みにしたる」ことだと捉えているものと、きわめて対称的であります。このような二元的、対象的な信心理解では、何らの人格主体も育つはずはなく、そこでは、もっぱら世俗的には権威への迎合と随順が生まれてくるだけでしょう。ここではそのことが、見事に対称的に指摘できるところです。

以上、いささかの概観でありますが、近世における真宗教学の対社会的な姿勢の一片を見たところです。もって当時の真宗教学の社会的な性格が、よくよくうかがい知られてくるところでありましょう。

第四章　近代における真宗教学

一　近代初頭の真宗教団の動向

まず近代初頭の真宗教団の動向について一瞥することといたします。この時代は、長く続いた徳川幕藩体制が、外的圧力と内的諸要因の相乗作用によって崩壊していったあと、新しく明治維新政府が樹立され、さまざまな混乱をともないつつも、世界の列強諸国を目標に、天皇制にもとづく新しい国家権力を確立し、それを支えるための経済的基盤を形成していった時代でありました。すなわち、新政府は中央集権的官僚体制を整備しながら、富国強兵、殖産興業をめざして、身分制度の廃止、貨幣制度の統一、学制の公布、徴兵令の施行、地租改正などの開化政策を次々と展開していきました。

しかしながら、他方では、それに対応して、そういう専制支配に反対し、人権の確立を求める自由民権運動が勃興し、広範な国民的支持をうけましたが、政府権力の強力な弾圧により、充分に結実することもなく後退していきました。かくしてこの近代初頭とは、やがて確立されてくる天皇主権の国家体制への路線が、着々と敷設されていった時代ともいいうるところでした。

このような激動の時代における真宗教団は、さまざまな困難な課題を背負わなければなりませんでしたが、そのひとつに、近世から引きついだ排仏運動への対応がありました。すなわち、仏教教団はすでに近世において、儒教、国学、神道のそれぞれから、厳しい批判をうけておりました。儒教の立場からは仏教のもつ非現実的な性格について、国学や神道の立場からは、もっぱら国粋主義的な発想によって、またそのほか経世論の立場からも政治・経済的な視点によって、仏教教義とその教団の現状に対して、辛辣な論難が加えられたわけです。

そのような思想的背景の中で、明治元（一八六八）年三月には、天皇制国家の思想的基盤の確立を意図して、神道国教主義体制の形成をめざす神仏分離令が出されましたが、そのことは各地においては、いわゆる排仏毀釈《はいぶつきしやく》の運動にまで発展していきました。その内容は、教団や地域によって相違しますが、真宗教団においては、地方権力によって強行された廃合寺の問題が深刻でした。そのことは各地に起こりましたが、ことに明治三（一八七〇）年十月の富山藩における合寺令は、各寺院の仏具を供出せしめるとともに、各宗各派を一寺に統合するという指令でありました。当時の藩内の真宗寺院は千三百数十カ寺にのぼっており、その合寺令が、いかに過酷なものであり、混乱をまねいたかがうかがわれましょう。そのほか、明治四（一八七一）年三月に起こった、愛知県三河菊間藩の僧侶と信者による抵抗運動や、明治六（一八七三）年三月に起こった、福井県の大野、今立、坂井の三郡にわたる僧侶と信者の抵抗運動などは有名ですが、いずれも主謀者らが死罪に処せられる結果となりました。

このような排仏思想に対応し、幕末から近代初頭にかけて、仏教側から多数の護法論《ごほうろん》が述作されましたが、ことに真宗においても、曇龍（一七六九～一八四一）の『垂釣卵《すいきんらん》』（文化八年）。潮音（一七八三～一八三六）の『摑裂邪網編《かくれつじゃもうへん》』（文政二年）。南渓（一七九〇～一八七三）の『角毛偶語《かくもうぐうわ》』（弘化元年）。龍温（一八〇〇～一八八五）の『禦謗慨譚《ぎょぼうがいたん》』（文久三年）、『総斥排《そうせきはい》仏弁《ぶつべん》』（慶応元年）。義導（一八〇五～一八八一）の『和《わ》合海中《ごうかいちゅう》垂訓《すいくん》』（元治元年）など、きわめて多くの著述が生まれています。

そこでは、儒教、国学、神道の主張に対する直接的な反駁《はんばく》のほか、その排仏論をうけて、真宗者としての自戒自省を訴えるものや、三教一致を説いて儒教や神道との融合を図るものが見られますが、結論的には、真宗とは民衆を教導して、よく国家に奉仕するものであることを主張し、新しい国家体制に対して、もっぱら国家真宗、護国真宗と自己規定しつつ、この排仏運動をかわしていったわけです。

またいまひとつ、この時代の真宗教団が緊急に対応を迫られた問題に、キリスト教の進出がありました。かつて近世初頭に伝来したキリスト教は、その後は長く禁制されていましたが、幕末には長崎で隠れキリシタンが発見され、また新しく宣教師の渡来によって、再び伝道がおこなわれるようになってきました。ことに真宗においては、自らが信心を中核とする教団であり、また教義内容においても一神教的な性格を軸とする類似点をもつところから、このキリスト教に対しては、もっとも積極的な対決を試みていきました。

東西本願寺ともに、幕末のころからキリスト教対策に配慮を進めましたが、明治元（一八六八）年、本願寺派教団では、学林に破邪学科を設置し、キリスト教防止のための人材育成をおこないました。また大谷派教団でも、この年に学寮の分寮として護法場を設けて、キリスト教破斥の体勢を整えました。かくして、キリスト教にかかわる研究も進められて、多くの反駁書が著作されました。南渓の『杞憂小言《きゆうしようげん》』（慶応三年）。超然（一七九二〜一八六八）の『寒更霰語《かんこうさんご》』（慶応三年）。細川千巌（一八三四〜一八九七）の『破斥釈教正謬前編《はせきしやつきようしようびようぜんぺん》』（明治三年）。島地黙雷（一八三八〜一九一一）の『復活新論《ふつかつしんろん》』（明治三年）。石川舜台（一八四二〜一九三一）の『耶蘇《やそ》教秘密説《きようひみつせつ》』（明治五年）。佐田介石（一八一八〜一八八二）の『仏教創世《ぶつきようそうせい》記《き》』（明治十二年）などがそれです。

そこに見られる主張の基本は、キリスト教を邪教視して、キリスト教を破斥することは、すなわち国家を擁護することであるという護国観念に根ざすものでした。ここにもまた国家真宗の性格が見られるわけです。しかしながら、やがて明治六年にキリスト教禁制政策が撤廃され、明治八（一八七五）年十一月に、信教自由の口達書が発布されると、かかる護国観念にもとづくキリスト教反駁論は、その立場を喪失することとなり、真宗におけるキリスト教批判は急速に退潮化していきました。

またこの時代の真宗教団が担わねばならなかった、いまひとつの重大な課題に、西洋文明との対決がありました。その新文明のひとつに自然科学があります。そこで説かれる、新しい知見としての地動説や進化論などの主張は、古代の宇宙観や世界観に依ってきた真宗教学に大きな波紋を生じることとなりました。西方浄土の教説は、ひとえに須弥《しゅみ》山説《せんせつ》にもとづくものであるというところから、さかんに須弥山説擁護論が展開されました。ことに佐田介石が、地球儀に対抗して視《し》実等象儀《じっとうしょうぎ》なるものを作成し、実証的に須弥山説を主張したことは有名です。またこの介石は、極端な国粋主義に立って欧化思想に抵抗し、ランプ亡国論や鉄道亡国論を主張し、一時は多くの共鳴者を得ましたが、やがてかかる見解があえなく瓦壊していったことはもちろんです。

かくして、真宗教団における西洋文明との対決も、何ら核心にふれるようなものを生みだすことはありませんでした。近代における真宗教学も、このような西洋の知見に多く学ぶべきでしたが、ほとんどそのような意識は生まれることもなく、それとは無縁なところで、依前として古い体質を墨守し、温存しつづけていきました。

ただし、当時の政府の基本方針は、もっぱら欧米の先進文明を吸収することでしたが、また真宗教団においても、明治五（一八七二）年には、本願寺派からは、梅上沢融・島地黙雷・赤松連城らが、また大谷派からは現如・石川舜台・成島柳元らが、欧州諸国の文明視察のために出発しました。これらの先進的な動向が、のちに述べるように、やがて島地黙雷を中心とする大教院分離運動を生み、政教分離の原則に立つ信教の自由権を獲得したことは、そこには一定の限界はあったとしても、充分に評価されるべきことでしょう。ことに本願寺派教団においては、明治十四（一八八一）年に、第一回の定期集会《しゅうえ》を開催しましたが、この集会とは、教団全体の僧侶によって選挙された代表者らが集まって衆議する議会のことで、これはのちに成立した帝国議会の先駆をなすものであって、その高い開明性がうかがわれるところです。

また明治十七（一八八四）年には、島地黙雷・大州鉄然・赤松連城・渥美契縁・井上円了などの真宗の僧侶らが中心となって、令知《れいち》会《かい》なるものが結成されましたが、それは新しい西洋文明に注目して、政府の文明開化運動に呼応するものであり、真宗僧侶が先導的な意識をもって啓蒙思想に同調し、その促進に協力していったことは注目されるところです。

そしていまひとつ、この時代の真宗教団が直面しなければならない重要な課題としては、次第に強固な地盤を築いていった天皇制国家体制への対応がありました。もともと宗教というものは、世俗的な政治権力に対しては、もっとも明確に対峙し、一定の距離を置くべきものでありましたが、当時の真宗教団は、基本的には新政府の国家政策に対応し、それに追随するものでした。本願寺派教団においては、幕末に尊皇攘夷運動が起こると、いちはやくこれに呼応し、防長出身の僧侶の先導のもとに尊皇路線を進んでいきました。一方、大谷派教団は、かつての徳川家康以来の恩義もあって、幕末における政局の動向についても幕府との結縁を断ちえず、新政府への対応も遅延しておりました。しかしながら、幕藩体制が崩壊して新政府が成立すると、ただちに教団を挙げて天皇中心の新体制に順応していきました。

明治新政府は、明治五（一八七二）年三月に、新しく教部省を設置し、四月には神官および僧侶を教導職に任じて、「一、敬神愛国の旨を体すべき事。一、天理人道を明にすべき事。一、皇上を奉戴し朝旨を遵守せしむべき事」、という新政府の基本方針としての三条教則を発布し、教導職をしてその教則の宣布にあたらせました。そして翌明治六（一八七三）年には、この教導職の養成機関として大教院を設置しましたが、そこではまったく神道優先が図られ、国家権力によって、宗教、仏教を支配しようとするものでした。しかしながら、それらの計画は、島地黙雷らの主張によって反対され、ついに明治八（一八七五）年には大教院が解散し、やがて教部省と教導職も廃止されるに至りました。

だが真宗教団の路線は、基本的には天皇中心の国家体制に追随するものであって、その教義理解も、それにふさわしいものとして国家権力に収斂されていきました。すなわち、明治四（一八七一）年九月に発布された、本願寺派の明如《みょうにょ》の消息における広如《こうにょ》の遺訓といわれるものに、

希くは一流の道俗、上に申すところの相承の正意を決得し、真俗二諦の法義をあやまらず、現生には皇国の忠良となり、罔極《もうごく》の朝恩に酬ひ、来世には西方の往生をとげ、永劫の苦難をまぬかるる身となられ候やう、和合を本とし自行化他せられ候はば、開山聖人の法流に浴せる所詮此うへはあるまじく候。

と示したところです。かくして西本願寺教団では、明治十九（一八八六）年一月に制定された「宗制」において、

一宗の教旨は仏号を聞信し大悲を念報する之を真諦といい、人道を履行し王法を遵守する之を俗諦という。これすなわち他力の安心に住し報恩の経営をなすものなれば、之を二諦相資の妙旨とす。

と説き、また東本願寺教団は、少し遅れて同じ年の九月に制定された「宗制寺法」において、

伝灯相承の正意を顕場して立教開宗の本書を著す。すなわち教行信証文類なり。けだしその書たるや経論諸書の要文を類聚し、玄を探り幽《ゆう》を闡《ひら》きもって真俗二諦の宗義を大成せり。これ開宗の大旨なり。

と規定しました。このような仏法と王法の二元論的な生き方を教える真俗二諦なる教義解釈は、すでに上において見たように、覚如によってその路線が引かれ、存覚によって正式に確立され、蓮如によって普遍化されたところの、真宗の政治権力追随の教義理解にほかなりません。そのことがここでは、祖師以来相承の真宗教義として、法的に「宗制」「寺法」として確立されたわけです。しかしながら、こんな真宗教義が、親鸞の著作のどこに教説されているのか、とんでもない真宗教義理解の脱線というほかはありません。親鸞が教示した真宗者の社会的実践とは、すでに「第一章　真宗教義の原点」で詳細に論じたように、まことの信心主体の確立にもとづく信心の「しるし」を生きるという、まったく主体的、一元的な生き方をいうわけです。

しかしながら、かかる天皇権力に追随する教義理解が、親鸞の原意趣としての本来の真宗信心とは異質であり、それと齟齬することは必然であって、大谷派では、明治六（一八

七三）年二月に、『御伝鈔』などの文について、天皇権威と神道イデオロギーにかかわって忌諱にふれる文を指摘し、それを読誦する場合には、読み替え、ないしは省略するよう指令しました。またそのころの本願寺派においても、同様な意趣のもとに、『教行証文類』「化身土文類」の「主上臣下《しゆじようしんか》」の文などの伏字を決定するということがありました。

また東西本願寺教団は、このころ共同して、親鸞に対する大師号の宣下を請願しましたが、本願寺教団が、維新にあたり新政府に対して、多額の献金をし忠誠を尽したという功労が認められて、明治九（一八七六）年に「見真《けんしん》」という大師号が贈られ、ついで翌年には、その勅額《ちよくがく》が下賜されました。本願寺派の明如は、この大師号の宣下にあたって、「一宗の面目遺弟の光栄、天恩謝する所なく候」（明如消息）と無条件に感激していますが、国家権力に弾圧され、僧籍を剝奪されて遠く流罪に処せられながら、なおもひとすじに自己の信心を貫徹し、その教法を民衆に伝えて生きた親鸞に、いまさら何ゆえに天皇権威による大師号や勅額が必要なのでしょうか。このような大師号の請願とその勅額の拝受は、まさしく近代における真宗教団が、天皇権力に拝跪し、その国家体制に隷属していったことを、ものの見事に象徴するものでありましょう。

かくして、この時代の真宗教団は、次々と改革を試みつつ、表面的には近代的装いを整備しながらも、内実的には、依然として封建的な体質をそのまま温存したまま、天皇制国家に見合うところの、法主絶対の中央集権的な教団を形成していったわけです。かくしてそのことは、本質的には、国家権力に追随する新しい国家真宗の確立にほかならなかったわけです。

これが近代初頭における真宗教団、東西本願寺教団の基本的な動向です。

二　真俗二諦論の諸説

1　真宗における真俗二諦論の主張

真宗における真俗《しんぞく》二諦論《にたいろん》とは、すでに上において見たように、存覚において初めて主張されたものでした。そしてその後の近世における真宗教学において、信心と生活、仏法と王法の関係を論じる場合、この用語が時おり用いられ、その両者の円満なる相資が主張されてきました。

しかしながら、徳川幕府の後半期になりますと、その幕藩体制の矛盾が露出してくることとなり、その構造に亀裂が生じ、それによる社会的動揺が顕著となってきました。幕府は、第八代将軍吉宗（一六八四〜一七五一）による享保の改革によってその体制の補強再編を試みましたが、充分な成果も挙げえず、その後も、くり返して改革を進めましたが、いずれも不成功に終わり、幕府権力の衰退は除々に進行していきました。

そしてそういう政治的状況を背景として、儒教、国学、神道の立場から、仏教に対する排斥論が主張されることとなりました。ことに社会的・政治的な視点からは、仏教とは死者儀礼のみをこととし、死後の世界ばかりを語って現実の生き方を充分に教えることがない。僧侶は遊民であり寺院は民費を浪費するものでしかなく、仏教は社会的には何らの意味をもたず、まったく無用の存在である、すべからく政治的に統制すべきであるという、辛辣な排仏論が生まれてきたわけです。

真宗教学は、こういう仏教無益論、仏教無用論に対して、自らの信心の現実性、有用性について、その人生生活における積極的な意義をめぐって、改めて弁明し、主張しなければならなくなりました。そこでは従来語ってきたところの信心為本に対する王法為本、仁義為先という、信心に必然する論理では間に合わなくなり、新しい積極的な実践的論理が求められてくることとなりました。そこで改めて、存覚の真俗二諦論が注目され、これを援用して弁明することとなったわけであり、やがて多くの真宗学者が、すすんでこの真俗二諦論を語るようになりました。

その中にあって、当時においてこの真俗二諦論をめぐって、ことに詳細に論じたものに、性海（一七六五〜一八三八）の『真俗二諦十五門』（龍谷大学図書館所蔵本）というものがあります。それによりますと、真諦とは、「利他の信楽を得て浄土に生ず」ることをいい、俗諦とは、「仁義忠孝を以て身を修め仁王の教化に随ひ奉る」ことであると定義しています。すなわち、真諦とは、信心を得て浄土に往生する道をいい、俗諦とは、天皇の教化に随って忠孝を尽す道であるというわけです。そしてその両者の関係については、

真諦を以て俗諦を資るとは、至愚なる者は人王の教化を施し学習の方便を断ず、是を教ふるに悪業の報由を示し善因の慶果を顕し、以て教化する時は、云何なる愚者と云とも悪を捨てて善を行ず、是仏法の別途なり。爾る時は家を治め、国を修む、以て人王の化を資るなり。又王法を以て仏法を資くるとは、末世に至る迄、四衆の力を微弱なるが故に、三宝自然に衰堕に及ぶ、爾るに帝王の勢力を以て四衆を誡め、仏法を守護して、是によりて仏法末代に流通す。今日の形勢則其相なり。（『真俗二諦十五門』六頁）

と説いて、両者が相依相資すべきであると論じています。そして性海は、さらには、

諸仏と云へとも、此界へ出現し玉ふ時はみな国恩を受玉ふ。諸経の説く処みな王法なるか故に。（『真俗二諦十五門』六頁）

五戒も原王法なり。諸仏も如此王法説き玉ふ。（『真俗二諦十五門』七頁）

俗諦の出体を論して見れば二重あり。一には三教を以て体とす、此位は絶対の人皇に約す。若し絶待の法皇を云ときは、真俗二諦仏事門中に具する出世世間にて仏の教へ玉へる法なり。若し亦絶対の人皇に約するときは、三教みな人皇の教へ玉へる法なり。其故は仏滅後においては、我法を国王に附属すると在る、末世には国王仏に代りて法を弘通し玉ふ故に三教共に人皇に約するなり。（『真俗二諦十五門』一二三頁）

と語って、俗諦の体には二重があって、絶対の法皇（釈尊）に約せば真諦俗諦ともに仏教であるが、もし絶対の人皇（天皇）に約せば、三教（仏教・儒教・神道）はすべて天皇の教えである。だから末世には、天皇が代って仏法を弘通するのである、とまでいっております。ここには明らかに、俗諦、天皇中心の論理が展開されており、性海は、一応は真俗二諦の相資を語りつつも、帰するところは、俗諦優先、王法中心の真俗二諦論を主張しているわけです。

そしてその後、月性（一八一七〜一八五八）が、安政三（一八五六）年十月に著わした『仏教護国論』（『伝道院紀要』第一〇号）によりますと、

汝等微賤といへども、既に王土に生れ王臣となる。もし天皇愫に敵する心なきときは、此れ皇国の人民にあらざれば、則外国の人なり。夷狄の人民なり。墨魯暎仏の奴隷なり。

汝等大法主の教化により、無上の法を聞き、他力の信を得、現当二世の利益を蒙る者、夷船の諸所に欄入するを見きき、これを度外におき、大法主の憂るところを憂へざるは、また我門徒にはあらざるなり。他宗なり。他門なり。宗門の罪人といふべし。生きて報国の忠臣となり、名を千歳の後に耀かし、死て往生成仏し、寿を無量の永きにたもつに如んやと。（二三九〜一四二頁）

などと語って、真宗念仏者は、天皇の忠臣として、また法主の憂慮をわが憂いとして、ひとえに皇国を護持すべきであるといいます。ここでもまた、仏法と国家、法主と天皇の関係は相資すべきであると語られ、さらには、ついには天皇、国家に帰一する思想が、明確に主張されています。

そしてまた、『学林万検』（龍谷大学図書館蔵）によりますと、安政五（一八五八）年四月には、学林（龍谷大学の前身）が、本山に達書の下附を申請していますが、その文面には、

近年は異国船渡来につき、世上の風聞は何分忽々しく、自然に大法弘通の故障も出来つかまつるべきやと、林門有志の者は時々慨歎つかまつりおり申し候。（中略）然るに御開宗以来、真俗二諦御双行の御化風は、実に末世相応の真実教に御座候。

などと述べています。真俗二諦とは真宗開宗以来の化風であって、いまこそそれを堅持し、実践すべきであるというわけです。

かくして、このような幕末の諸状況と、その渦中における真宗教学の営み、その発想の中において、真宗における真俗二諦論はいっそう強力に主張されるようになり、その帰結として、上に見たように東西本願寺教団は、明治十九（一八八六）年に、それぞれ「宗制」「寺法」として、この真俗二諦論を、開祖親鸞の意趣、真宗教義の綱格と規定していったのです。

そこで以下、この近代真宗教学において解釈、主張された真俗二諦論をめぐる諸学説を、(1)真俗一諦説、(2)真俗並行説、(3)真俗関連説、(4)真諦影響説、(5)俗諦方便説の五種に分類して概観することとします。

2　真俗一諦説

(1)　福田義導の真俗二諦説

真俗二諦説に関する理解において、それを何らかの意味において、基本的には、真俗を一諦として捉える考え方があります。ただし、それについては真諦を俗諦におさめて俗諦一諦説を主張するものと、俗諦を真諦におさめて真諦一諦説を主張するものとがあります。いまはその前者について考察し、後者については、のちに七里恒順の主張として、改めて考察することといたします。その俗諦一諦説とは、福田義導（大谷派）、前田慧雲（本願寺派）らの理解です。

福田義導（一八〇五〜一八八一）には多くの著書がありますが、その中で、ことに真俗二諦について論じたものに、『勤王報国弁』（明治元年）、『天恩奉載録』（明治元年）、『天恩奉載附録』（明治五年）、『真宗王法為本談』（明治十年）などがあります。真俗二諦の語義については、『宗義別論八題講究』に、真諦とは「絶妄を真といふ之を第一義諦とも云う」とし、俗諦とは「世俗の知る所にして浅近の事を俗諦といふ」と明かし、「別して一宗の二諦とは仏法と王法との二諦なり」と規定しています。そしてその両者の関係については、基本的には二諦は相資相依するものであって、「王法を以って仏法を崇め」「仏法を以って王法を守る」と論じています。そこで真諦の仏法については、仏法はまた神道、儒教と一体であるといいます。すなわち、『天恩奉載録』によれば、

三道と分かれても教義は一也。一なるゆへんに二あり。一には諸悪莫作衆善奉行、勧善懲悪の理一なり。二には仏法の五戒、儒教の五常、神道の慈悲正直、その名異にして体一也。（中略）神儒仏の三道は暫く広狭浅深の差別あれども、同じ教也。（『続真宗大系』巻一七、八七頁）

と、仏教、神道、儒教の三道は、帰結するところ勧善懲悪の教法にして、ついには一体であり、さらには神道、儒教とは仏法の中より流出したものであって、神道といい儒教とい

うも、仏説にほかならないといいます。このような理解は、近世における厳しい排仏論に対応して生まれた、神道、儒教、仏教の融合論を背景とするものであることは明瞭です。近代初頭における真諦、仏法に対する理解の特色として注意されるべきでしょう。

次に俗諦の王法については、『真宗調査四題講義』で「王法といふは国王の法度」のことであると規定し、「外相には戒行戒律の沙汰もなく、ただ王法に随い之を守るを以て真宗の宗軌とす、そこで王法為本といふなり」と明かしています。また俗諦については、『天恩奉載附録』に、

『大経』一部上下二巻具に之をよむといへども戒律の文なく、唯王法を守って人道に順ずべきことを説きたまへり。これを以て真宗の宗軌と定むる所なり。即ち五悪段をみていよいよ王法の禁令をおそれ、人道を守るべきことなり。（『続真宗大系』巻一七、九二頁）

と語って、真宗所依の経典である『無量寿経』とは、王法を遵守し人道に随順すべきことを明かすものと理解していることは、充分に注目すべき点です。

そこで、その真諦・仏法と俗諦・王法の関係については、『真宗調査四題講義』に、

王法をまもる者は仏法を信ずべし、（中略）仏法を信ずるものは王法をまもらねばならぬ。（七丁）

と説くように、両者はよく相資相依すべきであるといいます。しかし、その両者の関係は、独立する両者が相資するというよりも、よく重層するものでした。そしてその重層の構造については、『御消息集第二章甲子録』に、

此国があればこそ此国のおかげで此国へ生れ出て、仏法を聴聞し、未来は浄土へ往生すべき身となりしことをおもうて国恩を報ずべし。（『真宗大系』巻二三、三七六頁）

と明かして、天皇の憐念においてこそ、よく仏法を聴聞し、浄土に往生することが可能となるのであって、国恩、皇恩は、現世と来世の二世にわたる大恩であるというのです。このことからしますと、俗諦としての王法、天皇の恩沢が、ついには真諦、仏法をも覆うこととなるわけで、ここでいう真俗二諦とは二諦の重層を意味しますが、その真諦は、俗諦、王法に収拾されていき、ここで明かされる真俗二諦は、本質的には、俗諦、王法中心の真俗一諦説といわねばならないようです。

（2）　前田慧雲の真俗二諦説

前田慧雲（一八五七～一九三〇）の真俗二諦に関する論考は、『真宗道徳新編』（明治二十三年）、『仏教人生観』（明治四十年）などに見ることができます。それらによりますと、真諦とは、「阿弥陀仏の救済力に依憑して後生涅槃那に証達すべき安心立命法」をいい、俗諦

とは、「倫理道徳を履行して人生百年の快楽を享受すべき修身渉世法」（『真宗道徳新編』前田慧雲全集三、七一頁）であるといいます。すなわち、真諦とは、未来後生の解決をめざす安心立命の法であり、俗諦とは、現世人生の充足をめざす修身渉世の法のことだというわけです。そしてこの真諦と俗諦とが、「相依り相資けて、而して之を信奉する者をして二世の幸福を獲得せしむる」（全集三、七一頁）ことをもって、真宗教義の大綱とするというのです。

しかし、ここで注意されることとは、真諦とは「後生」のためのもの、俗諦とは現実の「人生」のためのものと捉えて、この真俗二諦によって「二世の幸福」を得るという理解であります。そしてまた、ここではことに俗諦の理解において、従来の王法という観念に代わって、倫理道徳が中心になっていることも注意されるべき点であります。

そこでその真諦と俗諦の関係については、一応は両者を相資相依と捉えるものの、真諦から俗諦へについては、『真宗道徳新編』に、

阿弥陀仏は吾人の未来祈禱の担任者となりて、吾人をして毫も顧慮の念を懐かずして、畢生の全力を修身斉家利用厚生に与へ、以て各自の幸福を増進して社会の良民たるを以て已に報酬するの義務となさしむるなり。是を真諦を以て俗諦を資くると謂ふ。

（全集三、七二頁）

と明かしています。人間というものは、誰しも未来後生の苦楽について不安を抱き、それについて幾分か現生の心を注ぎ祈禱の念をもつものだが、信心を得て阿弥陀仏の救済において安心立命を得るならば、もはや未来後生に対する不安がなくなるところから、今生においては、全力を傾倒して修身斉家の道を生きることができる。ここに真諦が俗諦を資《たす》けることとなるというのです。かくして前田においては、真諦から俗諦へは必然に展開していくということでした。また、俗諦から真諦については、『真宗道徳新編』に、

阿弥陀仏を信ずる者が一生の全力を修身経世の道に尽して、為に自他の幸福を増進することあるときは、他の人民は皆之を以て阿弥陀仏功徳の致す所となして、其教を尊奉して社会生存の要素たらしめんと欲するに至るを以て、其勢力の盛にして弘通の速やかなること驟雨の旱田に於けるが如きものあらん。是を俗諦を以て真諦を資くると謂ふなり。（全集三、七二頁）

といいます。すなわち、真諦、信心にもとづいて、俗諦の修身経世の道を正しく生きるならば、他の人々がそのことを見て阿弥陀仏の教法の功徳を知ることとなり、やがてその教法を尊崇し、聞法することとなるであろう。ここに俗諦が真諦を資けることとなるというわけです。ここでいう俗諦から真諦へとは、同一人格についてではなく、他人格に対する影響について語るわけです。この点は、前田における独自の理解として注意されるべきと

ころでしょう。

前田においては、真諦俗諦の関係は、このように相資相依するというわけですが、さらにその深義を探ねるならば、

真諦と云ふも俗諦を全うしたる真諦にして単独の真諦に非ず。又俗諦と云ふも真諦を全うしたる俗諦にして単独の俗諦に非ず。二諦渾鎔互融して各々絶対の性質を有する者と謂つべし（『真宗道徳新編』全集三、七二～三頁）

というように、二諦は互融して、真諦とは俗諦を全うじたところの真諦であり、俗諦というも真諦を全うじたところの俗諦であって、ついには、絶対としての真諦一諦となり、また俗諦一諦となるというのです。さらには、

若し俗諦を主として論ずるときは、真宗の教義は信心も念仏も皆俗諦中に収拾し去れて俗諦の外に一法もあることとなし。（『真宗道徳新編』全集三、七四頁）

とも明かすわけですが、このような理解からするならば、真俗二諦の関係は、ついにはそれを俗諦に帰一して捉えるという発想もあったことがうかがわれます。

ことにこの『真宗道徳新編』が著わされた明治二十年代は、真宗の教団と教学が排仏論の影響をうけ、また新しく確立されていった天皇制国家体制に組み込まれていくことによって、いっそう現実の世俗的価値体制に接近し、自ら国家真宗としての性格を強めて

いった時代でした。前田は、そのような状況にもとづいて、もっぱら、真宗の教法は「厭世教」ではなく「利世教」（『真宗道徳新編』）であることを強調し、それが現実の国家、社会に有用であることを論じるわけですが、すでに上に見たように、真諦、信心とは、ひとえに未来後生のためのものであると理解するところ、その利世教としての現実的有用性は、必然的に俗諦に求めざるをえなくなるわけです。

かくして前田は、「元来宗教と道徳とは或方面から云ふときは、宗教即ち道徳ということが出来る」（『仏教人生観』全集五、一〇七頁）ともいうように、真宗の教法をもっぱら俗諦の倫理道徳に収拾して理解します。その点からすれば、前田における真俗二諦説は、より本質的には、俗一諦、倫理道徳中心の理解をもっていたといいうるようです。

3　真俗並行説

(1)　野々村直太郎の真俗二諦説

真諦と俗諦との両者を、基本的には別のものとして捉え、その両者の関係は、並存、並行するという考え方があります。野々村直太郎（本願寺派）の主張がそれです。

野々村直太郎（一八七〇〜一九四六）の著書としては、『浄土教批判』（大正十二年）が有名ですが、真俗二諦に関するものとしては、『宗教と倫理』（明治四十二年）なる著書と、『二諦相資の正解と謬解』（『真俗二諦観集』昭和二年）と題する論文があります。それらによってその真俗二諦説をうかがうと、真諦とは「真宗一流の安心門」を指し、俗諦とは「世間通途の規則門」（『真俗二諦観集』）を意味します。そしてその両者の関係については、

二諦相依説なるものは、親鸞にも覚如にも存覚にも蓮如にも見出すことの出来ぬ謬説。（『真俗二諦観集』一五七頁）

であるといい、親鸞をはじめとし、覚如・存覚・蓮如が主張したものは、いずれも、王法の保護によらざれば仏法は弘通せざるが故に、仏法者は特にこの意味に於て王法を尊重せねばならぬ。（『真俗二諦観集』一六四頁）

という、仏法にもとづく王法、仁義の尊重論であって、それは決して、仏法、信念によらなければ、王法、仁義を全うすることができないというものではないというのです。すなわち、真諦の仏法と俗諦の王法、仁義とは、何ら必然的な関係はなく、この二諦が相資相依するという教説は「非伝統的珍思想」であって、もしそれを主張するならば、

之を内にしては、一宗安心の面目を破壊し、之を外にしては、王法仁義に対する真宗の立場を絶待絶命の窮地に陥らしむる（『真俗二諦観集』一六四頁）

ものにほかならないというのです。野々村におけるこのような理解は、宗教と倫理とは次元を異にするものであるという思考にもとづくもののようです。すなわち、その『宗教と

倫理』によりますと、人間の行為について論ずるものに法律と倫理と宗教がありますが、主として動作、結果を中心に規定するものが法律であり、主として意志、動機を中心に規定するものが倫理であり、宗教とは、かかる法律・倫理が直接的に人間の行為の規定について明かすのに対して、無規定の規定ともいうべきものであるというのです。すなわち、野々村によれば、

善悪平等邪正一如といふ態度を以て、人間一切の行為を取扱ふのが取も直さず宗教本来の役目。（『宗教と倫理』七四頁）

であり、

善人は善人のまま、悪人は悪人のまま、当時当処に忽爾として金剛不壊の大信に入る、之が取も直さず宗教の妙味。（『宗教と倫理』七五頁）

というように、宗教とは、人間の行為に対する善悪、正邪の判断、規定を超えて、なお高次なる出世の世界に立脚することにより、それにおいて、新たなる人生生活を創出していくものでありました。法律、倫理、宗教とは、同じく人間の行為を規定するものでありながら、それらは明らかに次元を異にするものです。かくして、真諦と俗諦とはまったく別立するものであって、一をもって他を弁ずることができないかぎり、この両者は、またつねに両々相俟つべきであって、真宗における真俗二諦相資とは、このように宗教と道徳が

別立、並存すべきことを明かすものであり、仏教においては、そのことが浄土教、念仏門、ことには親鸞に至って、もっとも鮮明化されたといいます。

すなわち、野々村によれば、真諦と俗諦、仏法と王法、仁義とは、まったく別物であって、両者の間には何らの必然的な関係はなく、相互に並列、並行するものでした。したがって、真諦、仏法の万能主義を唱えて、俗諦、王法、仁義の独立を無視し、妨害するようなことがあってはならないというわけです。かくして、その真俗二諦とは、

念仏者が王法を疎んじ仁義に背いた日には、忽ち王法に斥けられて、念仏者の生活は完うすることが出来ぬ。故に念仏者たるものは、王法を尊重して念仏を累せぬやうに心懸けねばならぬ筈である。（『真俗二諦観集』一六二頁）

ということであって、ここに真俗二諦が教説された理由があるというわけです。すなわち、真宗における真俗二諦説とは、真宗の法義といい信心というも、ひとえに世俗の価値体系である王法に容認、外護されてこそ、よく成立し全うされるものであるから、念仏者が世俗の王法、仁義に随順して誤解されないように、さらには弾圧をうけないように、その日常生活を、よく訓導し教育するために明かされたものであるというのです。これが野々村の真俗二諦理解です。

4　真俗関連説

(1)　瑕丘宗興の真俗二諦説

真諦と俗諦とは、本来において別立するものであると理解しながらも、また両者は、何らかのかたちにおいて深く関連するものであるという発想があります。瑕丘宗興《かきゅうしゅうこう》（本願寺派）、井上円了（大谷派）らの説がそれです。

瑕丘宗興（一八一五〜一八八〇）には、多くの著書がありますが、その中で真俗二諦に関するものとしては、主なるものに『山房夜話』（明治七年）、『真宗二諦弁』（二諦宣吐を含む。明治八年）、『三条叢説』上下（明治八年）、『四題帷策』（明治九年）などがあります。それらによると、この真俗二諦とは、

此仏法王法の二諦の事は、弥陀仏の第十八願の中にも、釈迦仏の無量寿経の説法にも、皆其相たを顕しおかせられ、（『真宗二諦弁』三六丁）

と明かすように、それはもと阿弥陀仏の第十八願文、および『無量寿経』に教説されるものであるといいます。その点、この真俗二諦説とは、真宗教義の基本をなすものであるという理解です。そこで真俗二諦の概念規定については、『真宗二諦弁』によると、真諦とは、本願文における「三信十念」にして、具体的には『無量寿経』に説く「正覚往生の因

果」をいい、俗諦とは、本願文における「唯除逆謗」にして、具体的には『無量寿経』に説く「五悪五善の勧誡」をいい、それは「仏法」と「王法」の二法にも対配でき、その仏法とは「阿弥陀如来の御掟にして即第十八願の浄土参りの安心の処」であり、その王法とは、「国王の定めさせられる御掟にして、是は今日の人道を守る処」をいうわけです。

かくして瑕丘は、真諦と俗諦、仏法と王法とを、基本的には別立するものとして捉え、それぞれを心識と肉体、内裡と外表、当来と現世とに対配して理解しますが、その両者の関係についての基本的な理解としては、

此二つは車の両輪、鳥の両翼の如く、どちらが欠てもならぬことで片輪の車に荷をのせて遠い所どころでは無い。近い処迄もやることは出来ぬ。片羽の鳥では高い処ろどころでは無い、一尺上へあがる事も出来まいが。（中略）そこでよく王法の人道を守りて禽獣に異り、因果の道理を思ふて仏法を信じ、両方よくそろふて不足の無きのが目出度人と云ものぢゃ。（『真宗二諦弁』三七丁）

と語るように、両者は車の両輪のように、鳥の両翼のように、相互に相資相依し、もってよく民衆を開化、訓導することができ、またそれによって天下は平定し、現当二世の度世が成立するというのです。その点、ここでは存覚の二諦思想を継承していることが明らかです。しかし、この瑕丘における真俗二諦説において注意すべきことは、その俗諦、王法

の理解について、

王法に依て仏法に入り、仏法に依て王法を奉ずる也。(『真宗二諦弁』二九丁)

王法はこれ入信の方便、因也、又決信上の作業、果也。(『四題帷策』五六丁)

などと明かすように、俗諦なる王法、仁義を仏法趣入の方便と捉えていることです。瑕丘においては、信前に俗諦、王法、仁義の規範を誠心に実践し、履行することが、何よりも信心獲得の方便であって、この王法、仁義が実践できないかぎり、仏法に入門し、信心を獲得することは不可能であると理解されているわけです。特色ある理解というべきでしょう。しかもまた瑕丘は、この俗諦、王法、仁義を、上に引用した文のように、「決信上の作業」であるとも捉えるわけであります。すなわち、俗諦なる王法、仁義、国法政令と倫理道徳とは、獲信以後の念仏者の実践すべき規範でもあるというわけです。

かくして瑕丘においては、俗諦とは、このような構造において、仏道に入るための方便となり、信心獲得の後の作業として、因と果の二面にわたり、その終始を通じて深くかかわって離れないものでありましたが、そのことは裏面からいうならば、真諦、仏法とは、つねに王法、仁義にかかわって、その補究の任務を果すものにほかならないことを意味するものでした。

瑕丘が真宗念仏者の生き方を教訓するについて、

此世の御養ひは申すに及ばず。未来後生の事までを信行させて戴いた御国の御恩広大なれば、平生無事な其時に、御国に何事無いやうにと大切に存じ、家業家職に骨打て、富国強兵の基いを成し、まさかの事の有たとき、身命さへも惜まぬもの。まして況や財宝をやと、はりこむ心になるならば、是が即国家の忠義、取りもなをさず敬神愛国の営みぢやぞや。（『山房夜話』上、二四丁）

などと語って、真宗者たるものは、天皇に迷惑をかけるな、阿弥陀仏の胸を痛めてはならない。難儀、辛苦も今生が最後であって、やがて来世には大きな利福が待っている。だからこそ、思うにまかせずとも、ひたすらに堪忍、辛抱し、またいっそうそれぞれの職分を尽すべきであると説いていることなどは、よくそのことを物語るものです。

さらにはまた、現当二世、ことに後生の浄土往生の道を信行しえたのも、ひとえに国家、王法の御恩にもとづくものであって、いったん緩急の場合には、財宝はもとより、生命さえも捧げてその恩に報いるべきである。そのことこそ、国家への忠義であり敬神愛国の行為であるというわけです。ここには明らかに、当時の真宗教団が権力に向って懸命ににじりよりながら、真宗の存在意義を主張しようとした跡を見ることができるようです。

しかしながら、このような国家、国王の御恩によって浄土往生が可能となり、それは現当二世の利益を与えるという理解、すなわち、俗諦、王法が、一方的に真諦、仏法を包みこむという王法優先の解釈は、すでに上に検討した福田義導にも見られ、ついには、真宗信心が自己を喪失して、国家真宗として、もっぱら王法、権力に従属していくことにほかならなかったわけですが、このような理解が、親鸞の原意趣から遠く隔っていることは明白なところでしょう。しかしながら、これが近代初頭における東西本願寺の、代表的な真宗学者の真宗領解、真俗二諦説であったわけです。

(2) 井上円了の真俗二諦説

井上円了（一八五八～一九一九）には多くの著書がありますが、真俗二諦に関係あるものとしては、『真理金針』初編（明治十九年）、『真理金針』続編（明治十九年）、『仏教活論』（『顕正活論』）（明治二十三年）、『真宗哲学』（明治二十七年）、『活仏教』（大正元年）などがあります。『顕正活論』によると、

此世にありて、此世の法律を守り、此世の風俗を保ち、此世と共に遷り、共に進で仏道を修行するは、却て仏教の本意に合せり。然るに未だ其主義を実際に応用したるものあらず、独り真宗に至りて其主義を応用して真俗二諦の宗規を立てり。（三〇九頁）

といって、世間道と出世間道を兼備するところの仏教の本意は、この真宗に至って、初め

て全顕されたのであり、ここに真宗における真俗二諦論の特色があるといいます。そこで真俗二諦の語義について、真諦とは、

出世間門にして此世を去りて仏界に到らん事を目的とし、（『顕正活論』三〇九頁）
阿弥陀仏の本願を信じて浄土に往生すべきを説き、（『活仏教』二〇〇頁）

と明かし、俗諦とは、

世間道にして人世社会の義務公道を守る（『顕正活論』三〇九頁）
王法為本、仁義為先を説き（『活仏教』二〇〇頁）

と示すとおりです。すなわち、真諦とは、出世間門として、阿弥陀仏の本願を信じて浄土に往生する道をいい、俗諦とは、世間門として、人生社会の義務公道・王法為本・仁義為先・敬神愛国・仁義礼譲を守る道のことであるといいます。そして井上は、この俗諦門については、さらに、

真宗祖師の随意に作意せしにあらず、実大乗の哲理に基きしものなり。（『顕正活論』三三〇頁）

と語って、それがたんに真宗独自の教説ではなくて、もとは大乗仏教の哲理に発するものであると論じていますが、このことは注意されるべきところでしょう。

そしてその真諦と俗諦の関係については、

真諦俗諦の二門を設けて仏法王法の二途を分ち、一を欠きて全を全ふすべからざる所以を説く。其理即ち空仮中三諦の円融相即の理より転化したるものなり。他語以て之を云へば、世間の道を全ふせざれば出世間の道を立る能はず、二者相対峙して偏廃すべからざるなり。（『真理金針』初編、一一三頁）

と語っています。それによれば、「一を欠きては全を全ふすべからず」といって、両者は相資相依すべきであるというのです。しかしながら、井上はまた、その真諦と俗諦の関係をめぐっては、「二者相対峙し」（『真理金針』）といい、真諦は必然に「俗諦に発露する」（『活仏教』）といい、真諦と俗諦とは、「兼行」「兼説」「二様並存」（『真宗哲学』）するとも語って、その関係をめぐる理解は、まことに不鮮明といわざるをえないようです。しかしながら、この井上の真俗二諦説とは、『真宗哲学』に、

政治は車の如く、宗教は油の如く、政治をして円滑に回転せしむるものは宗教なり。政治は紙の如く、宗教は糊の如く、人心は障子の骨子の如く、政治と人心をして互に附着粘合せしむるものは宗教なり。宗教の政道人事に稗益ある事此の如し。（一六四頁）

と明かすところに帰結するもののようです。すなわち、真宗の真諦、信心とは、ついには政道人事、時の国家権力にもとづき、それを支える社会体制をよく補完していく働きをも

つものであって、あたかも、車輪に対する潤活油のような、また障子に紙を貼付する糊のような、作用をもつものであるというのです。このような理解は、上に見た瑕丘宗興の真俗二諦説にまったく共通する発想でしょう。そしてこのことは、上に見た前田慧雲の領解についても指摘したように、当時の時代思潮を反映して、真宗教義を解するのに、もっぱら厭世教にあらず利世教であること、すなわち、真宗信心が、現実の社会と人生にきわめて有用なる働きをもつものであることを、主張しようとしたことによるもののようです。

『活仏教』に、

故に余の執る所は、弥陀を信じて此世のはかなきをあきらめよといふにあらずして、弥陀を信じつつ此世に向うて奮闘せよ。摂取の心光の照護の下に煩悶を破りて猛進せよ。如来大悲の恩徳は、国家社会の為に粉骨砕身して報謝せよとの主義を取るものなり。是れ真宗の活用にして、時機相応の発展ありと自ら深く信ずる所なり。（一三八〜九頁）

と主張するところです。しかしながら、ここには、阿弥陀仏を信じることによる、世俗についての虚妄性の自覚、その価値体系の末通らざることへの凝視というものは、まったく欠落しているわけです。そしてここではもっぱら、真宗信心の名において、「国家社会の為に粉骨砕身して報謝せよ」と語りつつ、当時いよいよ強固に確立されていった天皇制国家体制に対して、ひたすらに従属し、それに奉仕する道を勧励しているわけであり、ここに井上の真俗二諦説の本質があったようです。

5 真諦影響説

(1) 赤松連城の真俗二諦説

上に見た真俗関連説は、何らかのかたちで真諦と俗諦の相互的な関係を認めるものでしたが、それに対して、両者の関係は、真諦から俗諦への一方的な方向においてのみ関係するという理解があります。赤松連城（本願寺派）、東陽円月（本願寺派）らの主張がそれです。

赤松連城（一八四一～一九一九）における真俗二諦説について、その主なるものとしては、「真俗二諦説」（『興隆雑誌』、明治十二年）、「真俗二諦」（『伝道会雑誌』、明治二十四年）、『勅語衍義』（明治二十四年）、「真俗二諦の教法」（『大家仏教演説集』、明治二十五年）、「二諦或問」（『法の林』、明治四十年）などがありますが、それらによると、真諦と俗諦の定義について、真諦とは、内なる「仏法」ないし「法王所説の法」「厭離穢土、欣求浄土とのお示し」のことであって、

弥陀の願力に帰して来世の出離を期する。（「真俗二諦説」『赤松連城資料』上巻、三三一頁）

ことを意味し、俗諦とは、外なる「世法」ないし「王法」「人王所説の法」「此の世を正し

く治めて行く」ことであって、

世法の掟をまもり現世の義務を尽す。（「真俗二諦説」『資料』上巻、三二頁）

ことをいうといいます。そしてより具体的には、

生きては皇国の忠良となり、死しては西方の往生をとげ奉まつり、真俗二諦の教意を守る。（「師恩を喜ぶべし」、明治十四年『資料』上巻、五九頁）

と語るように、現生この身においては天皇の忠良なる臣民となり、死後来世においては、めでたく浄土に往生を得ることであるというのです。ことにこの俗諦の理解において、

真宗の俗諦門は、王法を本とし仁義を先きとし、国家の為めに忠孝の誠を子々孫々に尽させる決心、即ち天皇陛下の詔勅を服膺するが、浄土真宗の俗諦門です。（「和の徳」、明治二十八年『資料』上巻、四八六頁）

と述べて、俗諦とは、ひとえに天皇の詔勅を服膺して生きることであり、それはまた忠孝の道を伝えるものであると明かしていることは、充分に注意すべきところでしょう。

次に真諦と俗諦との関係については、両輪双翼というも、真諦、信心こそが根本であって、俗諦はそれに対する枝末であり、そこには明らかに軽重の別があるといいます。すなわち、

信心を獲得したる人は、其信自ら流出して口にも出し（称名）、又色にも其すがたは見

ゆる（礼拝）なり。（中略）真諦に帰する人は必俗諦に達し、真宗の法義を心に入れ、順次往生の素懐を期する人は、現世にありても触光柔軟の願にこたへ、転悪成善の利益を蒙り、俗諦も自らととなふべし。（中略）之に反して、俗諦に達したる人は必ずしも真諦に帰せず、いかほど世間の事に明にして当行の義務を欠かざる人なりとも、如実の安心に住せざらん人々は、いかでか報土の往生を期することを得んや。しかれば本末軽重の弁は是にて自ら知るべし。（「真俗二諦説」『資料』上巻、一三三頁）

というように、真諦、信心を得るものは、その必然として、俗諦、行儀の利益を得るわけであって、両者の関係は、つねに真諦から俗諦へという一方的な方向において「流出」していくという構造をもつものであり、その逆の俗諦から真諦への方向は決してありえず、この真俗二諦においては、明らかに本末、軽重の区別があるというのです。このことは、赤松の真俗二諦説の特色をなすものです。ところで赤松は、また、

信の上は直に還相廻向とは申されねどもその傾きがありて利他のはたらきをさして頂くのである。（「度世と経世」、明治五年『国民特性二諦の発揚』前、一二〇頁）

などと語っていますが、ここで真諦流出の俗諦を、還相廻向の利他の働きに重ねて理解していることは、とくに注目されるべき点でしょう。かくして、赤松においては、真俗二諦とは、もっぱら真諦から俗諦への方向において、一方的に流出し流現するものであって、

俗諦とは、「専ら信後の利益に約して」（「真俗二諦」『資料』上巻、三〇八頁）こそ理解されるべきものでした。したがって、たとえ信前に俗諦を勧めることがあっても、それは「時に応ずるの変則」であり、「宿善に判属」（「真俗二諦」『資料』上巻、三〇八頁）すべきことであるといいます。

しかしながら、この赤松の主張のように、俗諦、真宗行者の世俗における生活実践が、ことごとく真諦、信心よりの必然的な流出であるとするならば、真宗教義において、さらに真諦に対して俗諦、実践を別立し、それを教訓する必要はなく、あくまでも真諦、信心のみを明かせば足りるはずでありますが、その点については赤松はいかに理解していたのでしょうか。そしてまた、赤松はその俗諦を解釈するについて、より具体的には、天皇の詔勅を服膺し、忠孝の道を生きることであるというのですが、それが信心の必然的な流出、その現生利益としての展開であるとするならば、何ゆえに、真宗信心が天皇帰順、忠孝の実践となってくるのか、その論理こそ明確に提示されるべきでしょう。ともあれ、この赤松における真俗二諦説は、あまりにも単純にして、没論理的な体制癒着の真宗理解であるといわざるをえないようです。

(2) 東陽円月の真俗二諦説

東陽円月（一八一八〜一九〇二）における真俗二諦説の主なるものとしては、『真宗掟義』（明治十三年）、『真俗二諦弁』（明治二十一年）、『二諦妙旨談』（明治二十五年）、『二諦妙旨談後編』（明治二十六年）、『二諦妙旨談続編』（明治三十二年）、『勅語奉体記』（明治二十六年）などがあります。それらによると、この真俗二諦説とは、明確に、真宗の教義であると規定しています。すなわち、

真諦は固より真宗の法義なること無論、今俗諦を以て亦法義とのたまふ、是所謂真俗二諦の妙旨なるべし。何者俗諦とは即上に述たまふ所の王法を本とし仁義を先とし神明を敬ひ人倫を守る是なり。これ世間通途の儀に順ずる所にして真宗の法義と専断することを得べからざるに似たり。而して今これを真宗の法義とのたまふもの、触光柔軟の願益に依てその行儀を成ずるを以て真宗の法義と云べし。（『真俗二諦弁』二〇丁）

と明かすところです。そこで真諦と俗諦の定義について、真諦とは、「仏法」にして「第十八願念仏往生の法」を指し、俗諦とは、「王法」にして「仁義等の道」（『真俗二諦弁』二丁）をいいます。しかもこの真諦、俗諦は、ともに第十八願にもとづくものであって、真諦とは三信十念、信心称名により、俗諦とは「唯除五逆誹謗正法」の文によるといいます。

そしてその俗諦としての唯除五逆謗法については、信前の者と信後の者とに分別して、

信前の者に対しては抑止の意味があって、「入道の因縁獲信の方便」（『真宗掟義』、『真宗叢書』巻二、七七八頁）を明かすものであり、信後の者に対しては、念仏者の掟、行儀の意味があって、如実の信者に、必然に恵まれてくるところの「信後如実の行狀」（『真宗掟義』、『真宗叢書』巻二、七八四頁）を示すものであると理解しています。そして信後の掟については、具体的には、『無量寿経』の五悪段がこの五逆を開いて示したものであるとして、そこに明かす五戒、さらには五常なる人道を順守すべきであるといいます。

そこで次に、真諦と俗諦の関係については、真諦とは、「内を修るを主とす」るものであり、俗諦とは「外を主とする」（『真俗二諦弁』三丁）ものであって、内外の関係にあると理解しています。そしてまた、その両者の関係については、真諦から俗諦へという方向と、俗諦から真諦へという方向の二面があって、俗諦から真諦への方向については、ひとつにはすでに上に見たように、俗諦とは入道、獲信の方便としての意味を担うものであって、俗諦の王法、仁義がよく全うされることは、入道の因縁となり、また獲信の方便ともなるというわけです。しかしまた、いまひとつ、真宗者がよく俗諦を遵守するならば、他の人々がそれに教導されて、よく念仏門に入ることになるともいうわけです。このことは、すでに上において見た前田慧雲の真俗二諦説に見られる理解でもあります。

次に真諦から俗諦への方向についていては、東陽においては、真諦を以て俗諦を資くるが故、亦俗諦を以て真諦を資くるものにして、その要真諦にあり。（『真宗掟義』、『真宗叢書』巻二、七八四頁）

と明かすように、真俗二諦とは、真諦から俗諦への方向において、仏法、信心が日常的行為に対していかに関係するかを明らかにしようとするものであって、真俗二諦の中心はまさしくここにあるといいます。すなわち、東陽の真俗二諦説は、一応は真諦から俗諦への方向と、俗諦から真諦への方向の相資の関係において理解されていますが、その基本は、真諦から俗諦への方向について論ずるものであったわけです。

そこでその真諦から俗諦へのかかわりについては、

乃至十念の称名相続するに随て任運に現はるる所の行儀。（『真俗二諦弁』一二丁）

などというように、つねに称名と一具し、それに随って成立するものであるといいます。東陽によれば、「信心苟も如実なるときは必ず称名あるべし、称名なきものは如実の行者に非らず、これ本願固有の理なり」（『真宗掟義』、『真宗叢書』巻二、七八五頁）と明かすように、まことの信心の人は、本願固有の理として、つねに称名念仏を怠ることがないが、俗諦としての王法、仁義の遵守も、またこの称名と一具して成立するというわけです。すなわち、俗諦の行儀とは、信心の必然として生起するということであって、

信心苟も如実なるときは必ずあるべきの行状にして、たとひこれを守らずして可なり

と教ふるとも任運自然に王政人道を守るべし。（『真宗捉義』、『真宗叢書』巻二、七八五頁）

と明かすところです。そしてその任運自然の内容については、

もらひ受たる名号内より薫じ、照護したまふ光明外より触るるなり、かくの如き法徳を蒙りたるものは自ら人道に乖き王法に戻るの所作なきに至る。（『二諦妙旨談後編』五三頁）

などと明かすところです。すなわち、信者自身については、その表相においては獲信ののちも依然として変るところはなく、何らその力用はもたないけれども、内には領受したところの名号、仏智が薫発し、外には如来の光明によって照護されるところから、自然に王法、仁義の俗諦を遵守することになるというのです。そしてまた東陽は、

この仏智を全領するときは、法徳内より薫じて固より有する所の五倫五常の理自ら現行するなり。喩へば提燈に記号ありと雖も暗夜にはこれを弁ぜず、内に燭をともすときは定紋姓名鮮かに見ることを得るが如し。提燈に記号あるは人の五倫五常の性を有するなり。暗夜にこれを見ざるは一切の教導なきなり。燭光内より照して記号をみるは法徳の威力内より薫ずるなり。信心の行者自ら人道を守るべきこと知るべし。（『真宗捉義』、『真宗叢書』巻二、七八一頁）

と明かしています。これは上に見たところの、内に領受したる名号、仏智の法徳が外相に

顕現するということを、提灯《ちょうちん》の喩えをもって示したものであります。それによると、人間はすべてその本来において五倫五常の理を宿すものであるが、普通にはその理が外相に現行することがあまりありません。しかしながら、信心を開発するならば、その法徳が内より薫じて、見事に五倫五常を実践することになるというわけです。かくして、従来この主張を薫発説といい、またその喩えによって提灯説とも呼んでいますが、このような理解は、同じ真諦影響説といっても、上に見た赤松の流出説とは、いささか相違することは注意すべきでしょう。

この東陽における信心理解においては、信心とは、ただちに具体的な生きざま、一定の方向性をもって発現するものではなく、人間の行為に対するたんなる「威力」の意味をもつのみであり、その行為、実践の内容については、すべて人間本具の固有の性によるということですが、親鸞における信心とは、はたしてそういうものであったのか、まことに問題です。

いまひとつは、真宗信者の行為についてそのように理解されるところ、人間の行為というものが、現実の歴史的社会的な構造の中で規定され、制約されてくるという視点がまったく欠落しているということです。政治権力というものは、自己の意志を遂行するために、民衆を権力によって外から規制し、支配するとともに、また民衆の精神の内にまで立ち入ってそれを懐柔していくものであって、真宗教団の過去の歴史は、そのほとんどにおいて、時の政治権力の支配とその懐柔のもとに、もっぱら体制補完の役割をはたしつづけてきたのではありませんか。その点、倫理道徳は人間固有の理であって、真宗信心はそれを実行するためのたんなる「威力」になるというとき、その真宗信心は、その全体を挙げて支配体制に完全に従属し、それに奉仕することになるのではありませんか。事実、東陽は『勅語奉体記』（『教育勅語関係資料』第四巻所収）なるものを述作していますが、それによりますと、近代天皇体制倫理を全面的に肯定し、それを仏教、真宗の立場から弁明、補完しているところです。

6　俗諦方便説

(1)　吉谷覚寿の真俗二諦説

真諦が俗諦に向って一方的な方向で影響するという理解に対して、それとは逆に、俗諦が真諦に向って影響するという主張があります。その代表的なものとしては、吉谷覚寿《よしたにかくじゅ》（大谷派）、清沢満之《きよざわまんし》（大谷派）らの理解がそれです。

吉谷覚寿（一八四二～一九一四）には、真俗二諦説に関するものとしては、『真宗二諦弁』（明治三十八年）と『真宗要義』（大正三年）があります。それらによると、凡そ真宗一家に於ては内心に他力の安心を決得し、外相には王法を守り人道を行ふべきこと教へて之を一宗の規則とするなり。（『真宗二諦弁』四〇頁）

などと明かすように、真宗の教義とは、内心には他力の安心を決得し、外相には王法、人道を履行することを教え、当来には生死得脱し、現生には世道人心を導き、国利民福を増進すべき実用があるといいます。すなわち、真宗教義の真俗二諦的な領解です。そこで真諦、俗諦の理解については、真諦とは「安心門」、俗諦とは「規則門」（『真宗二諦弁』二頁）をいい、その規則門とは王法を指しますが、王法とは、

王法の体は治国安民の為に頒布し玉ふ百般の政令皆是王法の体なり。（『真宗二諦弁』六二頁）

と明かすとおりです。すなわち、俗諦とは、人道を摂めとるところの王法、政令を意味するというわけです。そしてさらに吉谷は、

明治二十三年の教育に関する勅語は、日本臣民の遵守すべきところなり、彼の勅語は王法為本と人道要務の外ならず、別して文に配当せば、常に国憲を重んじ国法に遵ひとあるは、王法為本の宗則を遵守するに当る、又爾臣民父母に孝に兄弟に友に夫婦相和し朋友相信じとあるは、人道の要務たる五倫の道に当ること明かなり。（『真宗要義』五六二～三頁）

と語って、その王法といい人道というも、具体的には「教育勅語」に帰すというわけですが、この点については、吉谷の俗諦理解の特色として、充分に注目すべきところでしょう。

なお吉谷は、この俗諦の意義については、

信前信後に通じて、掟を守るべき趣きを教へたまへり、これ信後には法徳として自ら掟を守らるるとも云べし。信前の者に対して勧めたまふは如何と云に、是は上に弁じたるが如く受法の器を簡ぶ意なり。（『真宗要義』五五五頁）

と明かすように、それは信前と信後に通じるものであって、信後に通じるとは、信心を得るならば、その信心の法徳として、必然的に王法、人道を遵守するようになるということで、「若加行の悪を造らば信心未決定の相なりと認定すべし」（『真宗二諦弁』六一〜二頁）というように、もし悪業を犯し、王法、人道に叛くことがあれば、その人はいまだ信心を得ない人であるというわけです。そしてまたそれが信前に通じるとは、

其故は弥陀の本願の所被の機は十方衆生なれども鬼畜等は此法を信受すること能はず唯人天のみ此法を信ずべき器なり。其中正機は人道なり。故に大経の異訳には過度人道経と題せり。其人道とは王法に戻らば実の人とは名くべからず、故に名実相応の人のみ受法の器となるがゆへに信前にも王法を守るべき旨を勧め玉ふなり。（『真宗二諦弁』六四〜五頁）

と示すように、王法、人道を遵守する名実相応の人のみ、よく仏法を聞信することができるのであって、真宗において俗諦を語るのは、まさしくこのような「受法の器」を育てるためであるというわけです。また吉谷は、

若し仁義の道を失ふときは国家忽ち乱る是れ念仏行者の往生の行を修する妨げなり。

（『真宗二諦弁』七二頁）

とも語って、もしも国法、人道を失うならば、国家が紊乱して聞法することが不可能となるゆえに、俗諦を説くことは、天下国家を安穏ならしめ、聞法、受法の環境をととのえる意味をもつものであるといいます。かくして吉谷においては、俗諦とは、もっぱら個人的には受法の器を育てるために、また社会的には聞法の環境をととのえるために、教説されたものであるというわけですが、このことは真俗二諦説の中では、きわめて特色ある理解といいうるでしょう。

しかしながら、このように吉谷が、俗諦とは王法、人道のことであると規定し、その具体的な内容としては、「教育勅語」に示されるところであるといい、それは信前の人については、よく受法、聞法の器を育てるという意味をもち、信後の人については、その信心の必然として、それをよく遵守することとなり、もしもそれに叛くものは、いまだ信心を得ないものであるというとき、そのような真宗理解が、そのまま当時の政治権力、社会体

制を全面的に肯定して、それに従属し、それを補完していく作用をはたしていったことはいうまでないことです。

(2)　清沢満之の真俗二諦説

清沢満之（一八六三～一九〇三）には、真俗二諦に関する論説としては、主なるものでは、「宗教と道徳との関係」（明治二十九年）、「宗教と倫理と「倫理研究」（明治二十四～五年ごろ）、「宗教的道徳（俗諦）と普通道徳との交渉」（明治三十六年）などがの相関」（明治三十二年）、「宗教的道徳（俗諦）と普通道徳との交渉」（明治三十六年）などがありまず。それらにより、真諦と俗諦、宗教と道徳、倫理の関係については、いろいろ考察し、論じていますが、死の直前に発表した「宗教的道徳（俗諦）と普通道徳との交渉」には、清沢の真宗領解の真髄が吐露されており、真宗における宗教と倫理の関係についての重要な指摘が見られますので、いまはこの論文を中心にうかがうこととします。

すなわち、従来は、真宗の俗諦と道徳倫理とは同一視されていましたが、この論文においては、明らかに宗教と道徳を区別し、しかもその道徳に宗教的道徳と普通道徳があるとして、真宗で教えるところの俗諦とは、この宗教的道徳のことであるというわけです。そして普通道徳とは、人間がより立派な行為を実践すべきことを目的とするものであって、その実践の可能、不可能にかかわらず、ともかくも実践履行しなければならぬと決着すべ

きものです。しかしながら、真宗の道徳、宗教的道徳、俗諦とは、それとは異なって、

真宗の俗諦の目的は如何なる点にあるか。其の実行の出来難い事を感知せしむるのが目的である。此は既に真諦の信心を得たる者に対すると、未だ信心を得ざる者に対するとの別はあれども、何れの場合にても、道徳的実行の出来難いことを、感知せしむる為と云ふ点に於いては同一である。(『清沢満之全集』[法蔵館版]第六巻、二一九頁)

といいます。すなわち、真宗の俗諦とは、真諦、信心のほかに、その教えをもって積極的に人道を実践せしめ、それによって国家、社会に貢献しようというものではなく、ひとえに、それが実行できにくいことを感知せしめる、それについて覚悟することが重要である、というわけです。かくして未信者においては、

道徳的実行の出来難き事を感知するよりして宗教に入り、信心を得る道に進む様になる。(中略)終に倫理道徳の思ふ通りに行ひ得らるるものでないことを感知する様になるのが、実に宗教に入る為の必須条件である。(『清沢満之全集』第六巻、二一九頁)

というように、その実行のできがたいことへの感知、自覚において仏法に帰入することとなり、他方、すでに信心を得た者については、

他力の信心により、大安心を得たれども、尚ほ習慣性となりて居る自力の迷心は、断えず起り来りて止まないことである。そこで、俗諦の教を聞かさるる時は、丁度其の

迷心に適当したる教であるから、直ちに之を実行せんとすることとなる。然るに実行に掛りて見ると、到底其の出来難いことを感知する。（中略）即ち此の場合に於いては、俗諦の教は其の実行の出来難きが為に、愈々無限大悲に対する感謝の念を深からしむるが目的である。（『清沢満之全集』第六巻、二二〇頁）

と語るように、それを実行しようと意図しつつも、かえってその実行のできがたいことを信知せしめられて、いよいよ深く大悲を感佩、味識するようになるというのです。このように俗諦とは、信前と信後に通じますが、それは基本的には信後について説くものであって、信前においては、信心を獲得するための方便、案内となり、信後においては、いよいよその信心の味識を深化せしめていく契機となるというのです。その意味においては、清沢における真俗二諦説とは、もっぱら宗教的道徳としての俗諦を否定的媒介として信心を獲得し、かつその信心を深化せしめていくという理解であって、ここでは俗諦とは、真諦、信心に対する案内、方便として捉えられているといいうるわけです。

かくして、上に見た吉谷覚寿の真俗二諦説は俗諦をととのえることによって信心が獲得されるというわけで、肯定的俗諦方便説というべきですが、清沢の真俗二諦説は、その俗諦の実行できがたいことの自覚において信心が獲得されるということで、否定的俗諦方便説というべきでありましょう。

そして清沢においては、さらにいえば、両者はたんに二元的に相対するものではなく、

真諦と俗諦とは只だ表よりすると裏よりするとの違ひのみにて、全く同一のことを教ふるのである。（『清沢満之全集』第六巻、二二五頁）

というように、真諦といい俗諦というも、両者はついに帰一して、ひとえに真諦、信心を教えるものにほかならないともいいうるわけです。その意味においては、この清沢における真俗二諦説は、きわめて特色あるものとして充分に注目すべきでしょう。ことにこのように、俗諦を否定的媒介として信心を獲得し、またその信心が深化されるという指摘は、まことに透徹した領解であって、深く賛意を表するところです。

しかしながら、この清沢における真俗二諦説において、俗諦の否定的媒介を通してこそ、よく信心を獲得することができ、また信心を深化せしめるといわれるとき、その俗諦の内容については、

真宗俗諦の教は、其の実行が出来ると云ふ方が主眼ではなくて、其の実行の出来ざることを感知せしむるが主要であるから、其の事柄は決して具に之を列挙する必要もなければ、亦た其の事柄を一定する必要もない。何でも構はぬ。（『清沢満之全集』第六巻、二二三頁）

と明かして、それは「何でも構はぬ」といいますが、たとえそれが実践しがたいことへの

感知の意味をもつものであるとしても、はたして真宗行者の社会的実践については、「何でも構はぬ」のか。そこにはその信前、信後をふくめて、何らの方向性も生まれてはこないのでしょうか。

そしてまた、この世俗における倫理道徳というものは、いつの時代でもいかなる場所においても、つねにそこに存立する政治権力により、またその社会体制にかかわって形成されてくる、優れて歴史的社会的な産物でありますが、真宗者はそれに対して、何らの批判的な視点をもたなくてもよいものなのでしょうか。たとえそれが実践できがたいことを感知するためのものであるとしても、それを実践しようとする意志を肯定するかぎり、その俗諦が何であるかは当然に問われるべきではありませんか。その俗諦の内容が何ら問われることなく、「何でも構はぬ」といわれ、しかもまた体制倫理が厳しく私たちを規制するとき、そこでは必然に、真宗者が体制にからめとられていくことは明瞭でしょう。

そしてまた、俗諦の実践の不可能なることの感知において信心を獲得し、またその信心が深化されていくといい、そのことは真諦、信心と表裏の関係をなすといいますが、その信心も決してこの現実の歴史と社会とを離れて成立するものではありません。それは本質的には出世としての性格をもちますが、その信心がこの世俗のただ中において形成されるものであるかぎり、それが出世としての性格を保持するためには、つねにその世俗、歴史と社会におけるあらゆる価値体系を確かに見すえる冷徹な眼と、それとの厳しい対峙の姿勢をもちつづけなければならないはずであります。そのことが欠落しては、信心が観念化し、ついには体制の中に自己喪失していくほかはないでしょう。清沢にはかかる視点がなお不充分であったと思われます。

清沢は、近代思想を媒介とするきわめて透徹した新しい真宗領解を試みながらも、また他面に、

此に至ると、道徳を守るもよい、知識を求むるもよい、政治に関係するもよい、商売するもよい、漁猟をするもよい、国に事ある時は銃を肩にして戦争に出かけるもよい、孝行もよい、愛国もよい、工業もよい、農業もよい。即ち、「資生産業、皆順正法」で、「仏教は日用の処、穿衣喫飯の処、撒屎放尿の処、行住坐臥の処に在り」である。それで私は宗教的信念を得た者が、総ての世間のことに対する態度を、蓮如上人が、「王法をもて本とし、仁義をさきとして、世間通途の儀に順じて、当流安心をば内心にふかくたくはへて」と云はれたのは、最もありがたい規矩であると思ひます。(「宗教的信念の必須条件」『清沢満之全集』第六巻、一四四～五頁)

などと明かすところから見ますと、その真宗領解は、明治の天皇制国家体制の倫理道徳観をそのまま引きずっており、その桎梏《しこく》から離脱することができなかったことが、明瞭にう

かがわれます。清沢満之の真俗二諦説についても、厳しく批判されるべきでしょう。

7　七里恒順の真俗二諦説

上に見た真俗二諦をめぐる諸説は、真諦と俗諦の関係を、俗諦の一諦に収めるか、またはその両者の関係をめぐって種々なる解釈を試みたものでありますが、次に見る七里《しちり》恒《ごう》順《じゅん》の真俗二諦説は、俗諦を真諦の一諦に収めて捉えるもので、きわめて特色ある領解です。すなわち、七里恒順（一八三五〜一九〇〇）には、『真俗二諦』（明治十二年写）と題されるものがありますが、その法語を収録した『七里和上言行録』（明治四十五年刊）においても、真俗二諦についてしばしば言及しています。これらの法語は、『真俗二諦』よりもかなり後に成ったものと思われますが、そこでは、真諦とは「未来の苦を除く方」（五一六頁）「未来の安楽を得る道」（五一九頁）であり、俗諦とは「此世の苦を除く御法」（五一六頁）「此世の安楽を得る道」（五一九頁）であるといいます。そしてその両者の関係については、

真諦門の方では何も彼も捨てねばならぬ。俗諦の方は王法為本と云ふて、飽くまで渡世職業に勉強せねばならぬ。（中略）そこで真諦の方では世間を捨てて往生を願ひ、俗諦の方では世間に力を尽すが真宗ぢゃ。サア貴公達は実際此世が捨てられたか。繋いだ船なら何程棹をさしても行きはせぬ。纜の弛んだだけは行くけれども、纜を引張る

と又後へ戻る。御浄土へ参りたいと思ふも、世間の縄が弛んだだけでは又後へ戻るぞ。夫で行くかと思へば戻る。戻るかと思へば少々進む。行ったり戻ったり、戻ったり行ったり、何程でも限りはない。そこで真諦の方ではさっぱり世間の執着を断って仕舞ひなさいや。（六六七頁）

といいます。真諦とは、世俗を捨てて往生を願うことであり、俗諦とは、世間にとどまって渡世職業に力を尽すことであるが、問題は真諦によって、どれほど世俗を捨てうるかということだといいます。そしてまた、その真諦と俗諦の関係については、

真諦の方は此世を捨てる。俗諦の方は此世を取ると云ふ話ぢゃが、一寸聞くと無理な様にあって、一時に出来はすまいと思はるけれども、一遍捨てて夫から取ると云ふ様に、時を隔てることではない。一時同時に出来るのが、此宗旨の妙味である。（七一二〜三頁）

先づ思ひ切って此世を一つ捨てやうぢゃないか。是が言を云ふなら黙って云へ。走るなら据って走れと云ふ話になってある。（六六九頁）

などといいます。真諦とはこの世を捨てること、俗諦とはこの世を取ることであって、両者はまったく矛盾対立するものであると明かしています。そしてこの真諦と俗諦の関係は、このように絶対的に矛盾対立するものでありながら、しかも同時に即一するものであると

して、絶対矛盾的自己同一として成立していくものであるというわけです。「言を云ふなら黙って云へ」「走るなら据って走れ」とは、そういう両者が絶対矛盾的自己同一として成立する構造を、よく平易に表現したものでしょう。このような真俗二諦の関係構造について、七里はさらに、

初めは世間を棄てよと云ひ、今は又世間を美しうせよと云ふて、全く前と齟齬するではないかと云ふが、是に答へて曰ん。固より世間は棄てねばならぬ。其ならば世間を棄てるときには、家も田地も悉く棄てるのですか。其通りぢゃ。夫では人道も租税も何もありはせぬではないか。イヤ世間を棄てても人道は守らねばならぬ。其人道を守るは世間を捨てた処で守られる。棄てねば決して守られはせぬ。何となれば、皆の心得は五欲の身を貪求するから悪いのぢゃ。一旦如来様に差上げた世間なれば、其を借りて用ひねばならぬ。（七六九頁）

と語っています。真宗信心においては、どこまでも世間は捨てられるべきものであって、俗諦、人道とは、この世間を捨てたところ、すなわち、真諦においてこそ、よく守ることができるのであって、それはまさしく、如来に差しあげた世間を、改めて如来から借用して生きることであるというのです。あくまでも真諦を中心とする、真諦の一諦を基軸とする発想であります。このような領解はまた、

マアこの茶臼のようなもので、真木は一本でなくてはならぬ。若し二本にすると必ず臼は廻らぬ様になる。（中略）当流の法義も其通り、先づ安心と云ふ時は、信じたから是れでといふ心の中に据はりが出来ると、大悲の御主人と真木一つに委せる所が即ち据はりとなる。又かう称へてこれでと据はると亦真木が二本になるから不都合になる、俗諦の掟も此通りで、君臣、父子、夫婦、兄弟、朋友といふ五倫いづれも、必ず自ら据はりといふ真木を立てずに日送りをするが即ち念仏行者の心の据はりである。（八六一頁）

と語るところにもうかがわれるものです。それによれば、真俗二諦とはいっても、茶臼の真木は二本あっては廻らず、それは必ず一本でなければならないように、どこまでも如来の大悲を真木として、すなわち、真諦、信心を軸として、君臣、父子などという五倫は、真木を立てずに、よく相対化して生きよと示すものであります。

かくして、七里における真俗二諦についての領解は、このように真諦、信心中心、真諦の一諦ともいうべき立場に立っていることが明確であります。そしてこのことは、親鸞の教言に重ねていうならば、親鸞は流罪以後の自己の生き方を表白して、「非《ひ》僧《そう》非《ひ》俗《ぞく》」（僧にあらず俗にあらず。「化身土文類」真聖全二、二〇一頁）と語っておりますが、その生き方を、いま、あえてこの七里の真俗二諦の論理に重ねていうならば、まさしく「非《ひ》真《しん》非《ひ》俗《ぞく》」（真にあらず俗にあらず）ともいいうるものでしょう。すなわち、「非真」とは、つねに真実、如来に背きながら、またしては世俗に執着して生きている、この私のありのままなる現実の生き方に対する深い「いたみ」を意味し、また「非俗」とは、そのような世俗に埋没して生きるこの私を厳しく凝視しつつ、いちずに念仏を申して、その世俗を超えて生きようとする、私のあるべき理想の生き方に対する熱い「ねがい」を意味します。かくして、非真非俗の生き方とは、真と俗の両者をともに自己否定しつつも、私における如来背反の「いたみ」と、それに即一して成立する私における浄土欣求の「ねがい」とが、まったく絶対矛盾的自己同一として生まれる、新しい念仏者の生き方のことであるといえましょう。

いまここでいう七里の真俗二諦説とは、真諦とはこの世を捨てること、俗諦とはこの世を取るということで、それは「言を云ふなら黙って云へ。走るなら据って走れ」ということだというところ、それは親鸞の生き方に重ねるならば、そういう念仏を基軸とする非真非俗の生き方をいい、さらにいうならば、親鸞が教示したところの、信心の「しるし」を生きるという生き方にも、重なるものであろうと思われます。その点、この『真宗教学史』の「第一章　真宗教義の原点」において、親鸞が教示した真宗者の生き方とは、ひとえに信心の「しるし」を生きることであると論じましたが、そのような教えを身にかけて領解したものは、その長い教学史の歩みの中では、この七里恒順ただ一人が、よく継承しているわけで、まことに見事というほかはありません。

ところで、七里はどうしてそういう真宗領解をもつことができたかということですが、七里の信心領解の内実は、この『言行録』によるほかはないので詳細は不明ですが、七里の真宗理解の基本としては、一元的、主体的な性格を見ることができるようです。すなわち、『言行録』によれば、「信心とは夢の醒めたこと」だといい、「信心を載いたものは、何時となく功徳が漸々に我を照し、我を包んで下される。（中略）何処となく変はる処がある」（一三八頁）といって、信心とは「めざめ」体験であるといい、信心における人格変容、人間成熟を語っているところです。

いまの特徴ある真諦一諦説の主張は、このような一元的、主体的な信心領解と、それにもとづく自立的な人格主体の確立においてこそ、よく成立したものであろうと推察することです。その点、このことは、「第三章　近世における真宗教学」――三　国王不礼の文をめぐる理解―で見た僧叡が、その信心を一元的、主体的に捉えて、親鸞における国王不礼の文を、多くの教学者の中でただ一人だけ、まっとうに領解したことにも連なるもので、この僧叡と七里の真宗領解をめぐって、その真宗信心の「めざめ」体験としての一元的、主体的な領解と、それにもとづく自立的な人格主体の確立ということの意味の重要性を、改めて思い知らされるところです。そしてまた、この僧叡と七里とは、ともに信前の称名念仏を策励するといって、西本願寺教団からは異端視され、排斥されたわけですが、信前の称名念仏の策励によってこそ、よく一元的、主体的な信心が成立し、また、まことの人格主体が確立されてくることが知見されて、真宗における称名念仏の重要性を改めて味識するところです。ともあれ、近世、近代を通じての三〇〇年におよぶ真宗教学史の中で、親鸞の根本意趣をもっとも的確に領辞し、それを開顕、主張したものは、ただこの僧叡と七里の二人であったことは充分に注目すべきであり、その教学領解の正当性は高く評価されるべきでありましょう。

第五章　真宗における戦時教学の形成

一　東西本願寺教団の戦争協力

近代以降の日本は、明治維新を通して強力な天皇主権の国家体制を確立したあと、さまざまな曲折を経ながらも、世界の列強諸国を目標に、いっそう富国強兵、殖産興業の路線を結実させていきました。そして昭和初期に至ると、日本の経済は、国家権力との結合を通して、独占資本主義体制を形成し、強化していきました。

しかしながら、その反面において、農村の窮乏はいっそう深刻化し、各地において悲惨な状況が続出していくこととなりました。そしてこのような恐慌に連動して、日本ファシズムが芽生え、その危機状態からの脱出策として、中国大陸に対する侵略が画策されました。すなわち、昭和三（一九二八）年六月には、中国北東部（満州）の軍閥張作霖が爆殺され、昭和六（一九三一）年九月には満州事変が勃発しました。そしてその翌昭和七（一九三二）年一月には上海事変が起こされました。またその年の五月には、陸海軍の青年将校によって犬養首相が暗殺され、日本の政治は、いままでの政党政治に代わって、軍人や官僚を中心とする政治になっていきました。

その後、昭和十一（一九三六）年二月にも、陸軍の青年将校らによるクーデターを企てた事件が起きましたが、それ以来、政治に対する軍部の発言力が増大し、日本のファッショ化はいっそう進展していきました。そのような政治的傾向の中で、国内的には思想弾圧がさらに徹底され、対外的には、昭和十二（一九三七）年七月に日中戦争を始め、また続いて昭和十六（一九四一）年十二月には、ついにアメリカ、イギリスなどを相手とする、いわゆるアジア・太平洋戦争を始めました。

このような昭和初期の政治動向にかかわって、真宗教団はどのように対応したでしょうか。教団は基本的には、上に略記したような国家体制の動きに敏感に反応しつつ、その権力にもっぱら追随していったわけです。すなわち、昭和四（一九二九）年には、政府は思想善導、統制政策の一貫として教化総動員なるものを実施しましたが、西本願寺教団はそれに協力して臨時特別伝道をおこない、全国で三五〇万の信者を動員したといいます。そして昭和六（一九三一）年九月には満州事変が始まりましたが、十月に、西本願寺の元法主大谷光瑞は『支那事変と我国民之覚悟』を著わして、軍部の行動を称讃し、正義の為に干戈を執るは、即ち大慈大悲の発揚なり。我等仏教徒は、大聖世尊の遺訓により、協力一致し、正義の為に戦はざるべからず。

と主張しました。そして昭和十（一九三五）年に開かれた真宗各派の代表者と軍部との懇談会では、真宗教義とは天皇のために死ぬる態度を育てるものであり、楠正成の七生報国の精神は、還相廻向の徳をそなえる真宗信心にもとづくものであると主張しました。そして昭和十二（一九三七）年七月に始まった日中戦争に続いて、昭和十三（一九三八）年四月には国家総動員法が公布されましたが、東西本願寺教団はそれに呼応して、門信徒に向って国策に順応し皇道の宣揚に努めるべきことを諭達し、報国運動を展開していきました。昭和十四（一九三九）年には、西本願寺教団では『興和精神と仏教』（梅原真隆著）を刊行して、

日本の戦争は、それが天皇陛下の御名によって進めらるるのであるから正しい。すなわち聖なる戦である。

といいました。いわゆる聖戦論の主張であります。そして昭和十七（一九四二）年には、大谷派の金子大栄（一八八一〜一九七六）もまた『正法の開顕』を著して、この戦争を聖戦と規定しました。昭和十六年（一九四一）十二月に、日本はアジア・太平洋戦争に突入しましたが、大谷派の暁烏敏（一八七七〜一九五四）は、その翌年八月に『臣民道を行く』を

著わして、

　仏となられた釈尊のすがたの上に、英米に対して戦を宣して立ちあがった日本帝国の
　雄姿を発見し、合掌恭敬の念を禁ずることが出来ない。

などといいました。また昭和十九（一九四四）年には、西本願寺教団では戦時教学指導本部なるものを設置し、教団の総力を挙げて戦争協力体制を組織しました。そして戦況がいよいよ絶望的状況となった昭和二十（一九四五）年五月には、西本願寺の大谷光照法主は、「皇国護持の消息」を発して、

　念仏の大行は千苦に耐へ万難に克つ。国難何んぞ破砕し得ざることあらむや。遺弟今
　こそ金剛の信力を発揮して念仏の声高らかに各々その職域に挺身し、あくまで驕敵撃
　滅に突進すべきなり。

といい、またその年の六月には、大谷派の大谷光暢法主も「殉国必勝の教書」を示して、

　念仏もろともに大義につき皇国を死守すべし、我自ら陣頭に立たん。

といいました。そのころに掲げた教団のスローガンは、

　国難を救うものは三宝なり。祖訓の本領ひとえに奉公に帰す。今ぞその念仏を捧げて、
　皇国を護持すべきなり。（本願寺派）

迷う勿れ、皇軍は必勝す、襲敵何事かあらん。苦しむ勿れ、草を食べ野に臥するとも、

護国の勤めは楽し。悩む勿れ、本願名号信ずべし。（大谷派）

というものでした。まことに壮烈というほかはありませんが、真宗教団はこのようにして、日本ファシズム体制にからめとられ、また自ら進んでその侵略戦争に荷担し、その教学を戦時教学、決戦教学と名づけつつ、もっぱら真宗信者をして、その戦列に向けて動員していったのであります。しかしながら、真宗の根本聖典の『無量寿経』には、「兵戈無用《ひょうがむよう》」と教説されて、軍備を持ってはならない、戦争をしてはならぬと厳しく教えております。にもかかわらず、東西本願寺教団は、このアジア・太平洋戦争に全面的に賛成し、協力したわけで、まさしく仏法を裏切るという、重大な罪科を犯したわけであります。

二　神道イデオロギーへの妥協

そこでこのような戦時教学がもったところの基本的な特質は、全面的に神道イデオロギーに妥協し、また天皇権威に拝跪したということです。

はじめの神道イデオロギーへの妥協については、真宗信心とは、その原点としての親鸞の意趣によれば、明らかに「神祇不拝」（「化身土文類」真聖全二、一七五頁）の立場に立つべきでした。確かに近代においても、明治四十五年（一九一二）の明治天皇の病気、および大正十五（一九二六）年の大正天皇の病気危篤に際し、全国の神社、寺院、教会などは、病気平癒の祈禱をおこないましたが、ひとり真宗教団はいたしませんでした。

また昭和四（一九二九）年に実施された、思想善導を目的とする教化総動員の運動を通して、各地方において神棚を安置することが奨励されるようになり、ことに滋賀県においては、県当局と神職会によって、全県下の小学校、中学校などに、神棚を頒布して安置を要求するということがありました。そのことをめぐって県下の真宗僧侶と信徒が結束して厳しく反対し、その実現を阻止しました。真宗信心が見事に伝統されていたあかしです。本願寺派当局においても、昭和五（一九三〇）年には、伊勢神宮の大麻頒布問題について、拝受奉安しないようにという見解を表明しています。

しかしながら、日本ファシズムが急進するに従って、その神祇不拝の姿勢は次第にあいまいとなり、昭和十三（一九三八）年十二月には、伊勢神宮の大麻頒布問題について、全国の信徒に対して、

国民道徳としての敬神を奨励し来れる本宗としては、之を拝受して丁重に崇敬を致すが俗諦教義上、至当と存ぜられ候。

と通達しました。真諦では阿弥陀仏一仏への一向なる帰依を語りながらも、俗諦では神祇崇敬もまた至当というわけです。驚くべき変貌です。そして昭和十五（一九四〇）年十月

には、真宗各派協和会の名において、

一、大麻は皇大御神の大御璽として配授せらるるものなるをもって、宗教の如何を問はず、皇国の臣民たるものは、報本反始《ほうほんはんし》の誠意を抽《ぬきん》で等しく拝受すべきものなり。

一、一般奉安の形式は特に適宜の施設を用ひ、不敬に亘《わた》らざるよう注意すべし。

一、寺院にありては庫裡《くり》の適処に奉安すべし。

などと指示しました。それは親鸞に学ぶべき真宗信心の完全な自己喪失であり、国家神道イデオロギーへの全面的な屈服を意味するものでした。

このような傾向は、当時の戦時教学にも明瞭に見られるところです。曽我量深（一八七五～一九七一）は、昭和十六（一九四一）年二月に、

日本の神と弥陀は似ている。弥陀は吾々の祖先だと思ふ。天照大神も吾々の祖先で似ている。

国家のために死んだ人なら神になるのだ。神になるなら仏にもなれる。弥陀の本願と天皇の本願とは一致している。（『真宗教学懇談会記録』）

と語っています。また金子大栄も、昭和十七（一九四二）年に『正法の開顕』を著わして、仏法は「神道の一部」であるといい、

皇国の道というものが、即ち我々の遵守すべきものである。仏の教というものは、そ

れの縁になるものである。

と述べています。また普賢大円（一九〇二〜一九七五）は、昭和十八（一九四三）年に『真宗の護国性』を著わして、親鸞が説いた自然法爾《じねんほうに》とは、日本伝統の「神《かん》ながらの道」であると論じ、

されば神ながらの道とは、（中略）天壌《てんじょう》無窮《むきゅう》と天皇中心といふことをその形式となし、天皇を現人神《あらひとがみ》と仰ぎ、これに絶対随順し、何事につけ大御《おおみ》稜威《いづ》と仰ぐ自然法爾性をその性格とする。

といっています。いずれも当時の代表的な真宗学者の主張です。日本古来の民俗的な習俗でしかない神祇崇拝への、徹底した癒着、転落であって、真宗信心の見事なまでの国家神道化というほかはありません。

三　天皇権威に対する拝跪

そしていまひとつの、天皇権威への拝跪という問題については、真宗信心とは、その原点としての親鸞の意趣によれば、明らかに「国王不礼拝」（「化身土文類」真聖全二、一九一頁）の立場に立つべきであります。しかしながら、東西本願寺教団は、明治維新以来、新

しく確立された近代天皇制に対して、無条件に隷属していき、ことに明治九（一八七六）年十一月には、請願して親鸞に対する「見真《けんしん》」なる大師号をもらい、ついて翌年にはその勅額が下付されてその光栄に感激しました。

また大谷派教団においては、阿弥陀堂の本尊須弥壇上の両脇に天皇の尊牌《そんぱい》を安置して礼拝してきましたが、大正三（一九一三）年には、全国の末寺に指令して同様に奉安せしめました。また本願寺派教団では、昭和十五（一九四〇）年四月に、真宗聖典の中から天皇権威に抵触する文言を選んで削除することを決定し、末寺に通達するということがありました。

また戦時教学については、暁烏《あけがらす》敏《はや》は、昭和十（一九三五）年に著わした『神道と仏道』の中で、

今上陛下の御真影の御前にお念仏を称へてまいることが出来るのであります。そして生仏《いきぼとけ》として天皇陛下を仰がせてもらふことが出来るのであります。

と語って、天皇は「生仏」であるとまでいいました。また普賢大円は、『真宗の護国性』（前出）において、

真宗の信仰もまた、その信仰を挙げて天皇に帰一し奉るのである。一声の念仏を称うるにしても、その念仏にこもる力を挙げて、上御一人に奉仕しているのである。

といって、真宗の信心も念仏も、ひとえに天皇に帰一し奉仕するためのものであるといっています。また佐々木憲徳（一八八六～一九七二）は、昭和十七（一九四二）年に著わした『恩一元論』において、

もし釈尊が日本国に来生せられるならば、必定まず天皇絶対をお説きになり、もつて国体を明徴したまうであろう。第十八願文の誹謗正法とは、国王の勅諭に随順しない叛逆罪のことであつて、弥陀はこれを救わないと除却してある。

といい、本願文の「誹謗正法」とは、天皇の命に背くことだと説いています。また加藤仏眼（一九〇一～一九六九）は、昭和十九（一九四四）年に『念仏護国論』を著わして、

大日本帝国の一人残らずが拳々服膺すべき教育勅語の聖規の本源たる報恩の一著子に、阿弥陀如来の第十八願に基づく弘願念仏の行者の信後の行儀の本源が正しく合符する。

といい、真宗念仏者の行儀とは、「教育勅語」に明かす忠孝の報恩道であると語っています。いずれも徹底した如来の本願、真宗信心の名による天皇帰一の論調です。ここではいっさいの世俗権威を相対化した親鸞の根本意趣は、まったく見失われています。戦時教学とは、これほどまでに天皇権威にからめとられ、護国真宗化していったわけです。

四　戦時教学をめぐる総括

以上、真宗教団における戦時教学をめぐって概観しましたが、当時の東西本願寺の教学は、これほどまでに自己を喪失して、日本の国家体制に全面的に追随していったわけです。しかしながら、昭和二十（一九四五）年の八月十五日、日本の敗戦において、その戦時教学が全面的に自己崩壊し、その学的営為が、まったくの虚構であったことが明白になったはずです。だが上記のような戦時教学を構築した教学者たちは、戦後に、自己の信心と行動について明確に自己批判し、廻心転向を表明した者は、誰一人としていませんでした。いずれもそのまま、引きつづいて、龍谷大学や大谷大学の教壇に立って親鸞を講じ、それぞれが教団教学の最高の地位につきました。

真宗教団の戦争責任、そしてまた真宗教学の戦争責任は、いったいどうなったのでしょうか。いまもってまったく問われてはいません。しかし戦争責任に時効はありません。キリスト教団とその神学における、戦争責任に対する厳しく徹底した姿勢と比べるとき、私たちの真宗教団と真宗教学の在りようは、まことに不誠実きわまるものであって、慚愧にたえない思いでいっぱいです。

私はこのような戦時教学について、自分自身が若くして戦争の惨禍を経験しているがゆえに、決して見すごすことはできず、厳しく批判し、その戦争責任について明確に総括すべきであると、くり返して発言してきました。しかし、このように戦時教学について問うた者は、東西本願寺教団の真宗教学者の中では私ただ一人だけであったことから、西本願寺教団は、私を異端者として徹底して弾圧し排除して、いまに至っております。その点、私はただ一人、いまなお孤塁を守りつづけているところです。やがて私が命終したら、もはや誰一人として、この戦争責任を問う者はいなくなるでしょう。かくしてこの戦時教学は、何らの瑕瑾《かきん》もなく、また変革もなくして、そのままこれからの教学に移行していくのでしょうか。

しかしながら、親鸞の教えを学問し、研究する真宗学とは、それほどまでに無責任であっていいのでしょうか。親鸞が教えた真宗信心とは、それほどまでにいい加減なものなのでしょうか。そんな偽瞞の真宗教学が世間に通用するはずはありません。またそんな偽瞞の真宗信心が多くの人々によく受けとめられるはずはありません。すでにこの戦時教学をめぐっては、教団外の歴史学者からも厳しい批判があびせられています。このことはこれからも続くでしょうが、教団はどう対応するのでしょうか。大衆はもっともっと賢明です。このままだとするならば、多くの人々がこの真宗教団からいよいよ離反していくことは明らかです。

しかしながら、このような戦時教学は、たんに戦時下において突然に生まれたものではなく、その責任は、当事者のみに背負わされるべきものではありません。それにはそれなりの過去の歴史があるわけです。すなわち、この『真宗教学史』の「第二章　覚如・存覚・蓮如の真宗理解」で詳細に述べたように、本願寺の創立を企図した覚如が、関東の門弟教団に対抗するために、あえて証空の西山浄土宗の二元論的な浄土宗教義を、本願寺教団の真宗教義として模倣し、導入したところに、そもそもの誤謬のはじまりがあったのです。

そこでは覚如は、真宗信心とは、たんなる内心に属するものであって死後来世の浄土往生のためのものでしかないと捉え、外相として日常生活のありようは、もっぱら儒教が説くところの、仁・義・礼・智・信なる五常を守れと説いたわけで、そこでは仏法と儒教とを内心と外相に分けて、それを真宗教義の綱格として規定したのです。覚如は、親鸞が全面的に排除したところの儒教をあえて導入したわけで、それは親鸞の根本意趣から遠く逸脱していることはいうまでもありません。そしてその覚如を継承した存覚が、さらに真宗信心に対して王法、権力を対配して、真諦（仏法）と俗諦（王法）の相資相依を語り、また真宗信心の中に神祇崇拝を呼びこんで両者の重層融合を説きました。

かくしてその後の蓮如は、このような覚如と存覚を承けて、王法為本、仁義為先を語り、またその名号の中に、神々の威力、功徳が収められていると語りました。国家権力に対峙し、また神祇不拝を主張した親鸞の根本意趣からすれば、遠く背反していることは明白です。しかしながら、本願寺教団においては、このような覚如・存覚・蓮如によって、まったくの二元論的、非親鸞的な真宗教義が構築されていったわけで、親鸞における大乗仏教としての一元論的な真宗教義は、それ以降ほとんど説かれることはありませんでした。

そしてそのような二元論的な教義が、近世の真宗教学として継承されたわけで、そのことは「第三章　近世における真宗教学」において概観したところです。そこでは行信理解において、親鸞の本意からすれば行信は一如であるべきにもかかわらず、あえて二元的に、主客、能所、前後に分割して捉えたわけであって、もっぱら名号の領受や大悲への依憑が語られて、真宗信心にもとづく人格主体の確立は成立するはずもありませんでした。ただし、その当時ただ一人僧叡のみが、行信表裡、その即一を語り、真宗信心を一元的、主体的な心澄浄と捉えて、まことの人格主体の確立をはたしていったことは、すでに指摘したところです。

近代の真宗教学は、そのような二元論的な近世の教学を伝統、継承して形成されたわけですが、すでに「第四章　近代における真宗教学」において概観したように、明治維新を通して新しく確立されていった天皇制国家体制に順応するために、新しい二元論的として真俗二諦なる真宗教義を規定し、真諦とは仏法、信心のことで、それは心の問題で、死後来世に浄土に往生するための道理をいい、俗諦とは王法、生活のことで、それは体の問題で、今生現世において天皇、国家のために尽力するところの道理であって、その両者はよく相資し相依すべきであり、ことにはその真諦、信心とは、俗諦の天皇、国家のために、よく忠節を尽すことを支援するものであると説きました。そこではもはや、「よろづのこと、みなもてそらごと、たわごと、まことあることなきに、ただ念仏のみぞまことにておはします」(『歎異抄』真聖全二、七九二〜三頁)という視点は、まったく忘却され、無視されているわけです。

ただし、その当時ただ一人七里恒順のみが、真俗二諦を否定して真諦一諦説に立ち、一元的、主体的な、まことの信心の「しるし」を生きることを教示していることは、すでに指摘したところです。

そして戦時教学とは、そういう近代における二元論的な真俗二諦説としての、真宗教義理解を継承し、その延長線上において構築されたものであって、それは覚如・存覚・蓮如の教学と、それにもとづく真俗二諦論の真宗教義理解の必然でもあって、それはたんに戦時下の教学者のみの責任に帰せられるべきものではありません。まさしくは、覚如以来の真宗教学史全体の問題でもあるわけです。したがって、戦時教学を問い、それを総括するについては、ひろくは真宗教学史の全体を問い、それを総括することが肝要であります。いまここで私が、あえて新しく『真宗教学史』を著わすわけは、まさしくそういう意図によるもので、このような真宗教学史の流れを充分に点検し、それについて徹底的に総括しないかぎり、これからのまことの真宗学という営みは、決して成立することはないであろうと思うからです。

このことは、今後新しく真宗学を志す人々は、ぜひとも充分に留意していただきたいと念じることです。過去の歴史についてよくよく学び、前者の轍《わだち》をしっかりと尋ねてこそ、これからの新しいまことの道を開拓することができるわけで、その長い真宗教学史の流れの中では、上に名前を掲げた以外にも、時おり宝石のように「ピカリ」と輝く、ほんものの教学者が存在しているはずですから、そういう人々の歩みをしっかりと探りあてて、それらに学びつつ、これからの新しいまことの真宗教学を構築し、形成していってほしいものです。

第六章　今日における真宗教学の実態

一　真俗二諦論の残骸

すでに見たように、真宗信心に生きるということ、真宗念仏者は、現代の社会的生活において、いかに生きていくかという問題は、今日において真宗信心について語り、またそれを学ぶにあたっては、もっとも主要なテーマとなってきます。ところで、親鸞は、その真実信心を説明するにあたって、信心が、新しい人格主体を確立させるものであって、その信心において、必然的に信心の「しるし」という生き方をもたらすことを語り、またその展開として、世の「いのり」に生きよと教示しております。そのことについては、すでに「第一章　真宗教義の原点」において、詳細に説明したところです。

しかしながら、東西本願寺教団の伝統教学において今日まで伝承された真宗者の行動原理とは、その本願寺を創立した覚如およびその息男の存覚によって主張されたところの、真俗二諦論といわれるものでありました。すなわち、それは信心と生活を、まったく二元論的に分割して、真諦とは、仏法、信心のことで、来世の浄土往生について教える道理をいい、俗諦とは、この世法、生活のことで、現世の人生生活の生き方を教える道理をいい、その両者は、つねに車の両輪、鳥の両翼のように、よく相依し相資して営まれるべきであるということでした。そのような真俗二諦論の内実をめぐる解釈はまことに多様であって、すでにそのおよその学説、見解は、上に見たところです。

しかしながら、そこで捉えられた真俗二諦論の理解をめぐっては、基本的には、真諦、信心とは、来世の浄土往生の正因であって、現実の人生にただちに関係するものではなく、また俗諦としての現実の人生生活は、その時々の社会の原理に従って生きよということでありました。したがって、そこでは、親鸞が教示したところの真実信心にもとづく信心の「しるし」を生き、その展開としての世の「いのり」に生きるということは、まったく無視されてきました。

かくして、かつての戦時下における東西本願寺教団は、真宗の正依の経典である『無量寿経』に戦争をしてはならぬと教誡され、親鸞により、神祇を拝してはならない、天皇を礼してはならないと教説されているにもかかわらず、当時の国家体制に全面的に追随して、戦争に賛成、協力し、日本の神祇に重層癒着し、また天皇に向って合掌礼拝し、その戦争に際して戦死した者は、信心の有無にかかわらず、すべて浄土に往生すると説いたわけです。ここでは、信心の論理は何ら生かされることもなく、もっぱら体制の原理に即応していったわけであります。

しかしながら、そのような親鸞の経説に背反した真俗二諦論は、過ぐるアジア・太平洋戦争の敗戦によって完全に自己崩壊したはずでありますが、戦後の今日においても、それはなお亡霊のように生きのびて、相いも変わらず語られているところです。その戦時教学が何ら問われることがなかったので、真俗二諦論もまた、そのまま延命し、その残骸をさらしているところです。

二　戦後教学における真俗二諦論

すなわち、本願寺派の普賢大円は、昭和三十四（一九五六）年に『信仰と実践』を著わして、真宗念仏者の社会的実践について、相いも変わらず真俗二諦論を語っています。その主張は、次のようなものです。

東陽師の主張によれば、真諦は如来廻向の法、俗諦は人間本有の理性によるものにして、二者は全くその本質を異にするが、真諦は俗諦に対して薫発の作用なすというのである。薫発とは信心をうれば法徳が内より薫じて、人間固有の五倫五常の性を現行せしめる。例えば提灯に記号ありと云えども、暗夜にはこれを弁ぜないが、内に燭を点ずれば定紋鮮やかに見えるが如きをいう。この説は流出説とその趣きを異にし、信心と俗諦との間に影響の関係を説こうとするものである。いま予はこの東陽説を発展せしめて次の如く考えたいと思う。（中略）道徳なる現象と宗教なる現象との間には、必然的関係ありとは云い難い。然しながら宗教を信じつつある一個の人間における、両者の関係を見る時、両者は必然的関係ありと云うことにならざるを得ない。即ち宗教の信仰は、これをもって道徳の知識と修養との上に加うる時は、その実践に於いて動力を与え、行為の価値を高める作用をなすのである。（『信仰と実践』）

この内容については、すでに上において見た東陽円月の提灯説を踏襲するものであって、真諦、信心とは「如来廻向の法」であるといいますが、より詳しくは、その『真宗概論』によれば、「左文字の印形が、右文字としてそのまま紙上にうつる如く、仏の呼び声の通り心に印現せるもの」だといいます。そしてそのことはまた、「名号領受、絶対依憑」を意味し、「仏の救いをたのみにする、あて力にする」ことであるといいます。すなわち、信心とは、如来の名号なる印判が人間の心の上に捺印され、印現されたものをいい、それは言葉を換えていえば、如来の名号を「領受」することであり、その大悲に対して「依憑」すること、仏の救済を「たのみにする」「あて力にする」ことだというわけです。まったくの非親鸞的、二元論的な信心理解です。かくしてこの信心とは、もっぱら死後、来世における浄土往生のための正因、条件となるというわけです。

そして俗諦、生活とは、「人間本有の理性」のことであるといいます。ここでいう「理性」とは何かということですが、一般に理性とは、本能や感性、悟性に対するもので、それは認識論的に捉えるか、存在論的に捉えるかという問題があり、カントやヘーゲルにおいては、もっぱら認識論の問題として語られますが、普賢氏は、それを説明するのに「人間固有の五倫五常の性」というところからすると、多分に、儒教、朱子学において語られる、存在論的な君臣・父子・夫婦・兄弟・朋友の五倫や、仁・義・礼・智・信の五常などの倫理的な規範を意味するものと思われます。ここでは、親鸞があれほどまで明確に否定した儒教の思想を取り入れるわけです。そして人間とは、そういう理性を本来的に有している、宿しているというわけです。

しかしながら、たとえばその五倫の中の君臣における忠義の心が、どうして人間本来の理性といいうるでしょうか、この五倫、五常とは、かつての中国の封建社会における「タテ」の倫理として、権力者によって創設されたものにほかなりません。そのような封建倫理を「人間本有の理性」と捉えて、現代の人々の生き方に強制することは、まことにもってのほかといわざるをえません。

そしてその真諦、信心と俗諦、生活とは、「全くその本質を異にする」ものであるといいます。信心とは、その人生生活には、本質的、直接的には何ら関係はないというわけです。まことに理解しがたい話です。親鸞の信心の「しるし」を生きよという教言は、いったいどう解釈するのでしょうか。

仏教というものは、もともと釈尊によって、人間のまことの生き方が探し求められ、その末に覚悟されたところの、人生生活の基本的道理について教えるものであって、その「さとり」をひらくならば、まったく新しい平安な人生が展開してくるというわけであり、したがってまた真宗の教えも、念仏を申して「信心」を得るならば、新しい人格主体が成立して心豊かな人生がひらけてくるということを説くものであります。にもかかわらず、真宗信心とは、その人生生活には何の関係もないというのです。すなわち、真宗の教えとは、もっぱら死後の浄土往生について教説するものでしかないというわけです。

現代の社会では多くの人々が、その生き方をめぐって苦しみ悩み、さまざまに迷いつづけているわけですが、真宗は、それらの大衆のために、まことの人生の生き方、まことの幸福を得る道を教えることはしないのでしょうか。現実の人生の生き方を語ることなく死後の世界ばかりを語っていて、現代の人々は、真宗の教えに魅力をおぼえるはずはありません。最近の聞法の法座に参聴者が激減した理由でもありましょう。

ところで、この普賢氏は、真宗者の日常生活は、ひとえに人間個人の理性にもとづいて成立するものであって、それは自分の信心とはまったく関係はないというわけですが、この人は、すでに上において見たように、戦時教学を構築した人でもあって、親鸞によって語られた自然法爾を説明して、それは「神《かん》ながらの道」であって、「天皇を現人神《あらひとがみ》と仰ぎ、これに絶対随順」することだといい、また真宗の信心を説明して、「その信仰を挙げて天皇に帰一し奉る」ことだと語りましたが、それらの主張は、自分の信心とはまったく関係がないというのでしょうか。もっとも、そのことは自分の信心にもとづいたものだといえば、戦時下の自分の信心は誤謬だということになりますので、そうともいえないわけでしょう。いずれにしても、真宗教学者が、その日常生活において、社会的に行動すること、さまざまに著作し講義することは、すべて自分の信心とは関係ないことで、ひとえに自分の理性にもとづいてすることであるといわれるとき、普賢氏の信心とはいったい何であったのか。まことに不可解な話であるといわざるをえません。

しかし普賢氏は、上に見たように、その信心と生活は直接的には関係がないとしても、「その実践に於いて動力を与え、行為の価値を高める作用をなす」といいます。ここで「動力を与える」とは、いかなることを意味するのか。信心に生きる人は、その社会生活の営みにおいて、信心のない人よりも、より「動力」、元気が出るということでしょうか。また「行為の価値を高める」とは、どういうことを意味するのか。同じ行為をしても、信心の人の行為には価値があり、信心のない人には価値がないというのでしょうか。まことに観念的、差別的な発想といわざるをえません。しかしながら、これが戦後の真宗学における、社会的実践論をめぐる代表的な論文であります。このような観念的な真宗信心論や真宗実践論が、はたして現代人によく受容され、その社会生活の指導原理となりうるでしょうか。まことに疑問といわざるをえません。

また、大谷派の稲葉《いなば》秀賢《しゅうけん》（一九〇一～一九八五）にも、同じく真宗念仏者の社会的実践をめぐる論考があります。「真宗における倫理」「掟の倫理」（『真宗教学の諸問題』昭和五十四年）などであります。それらによりますと、

宗祖は信心の行者に具わる現生の利益として至徳具足の益を挙げていられるが、信楽の一念に我等は南無阿弥陀仏の名号に成就せられた至徳を具足するのである。蓋し如来の名号は、如来の願行成就を示す徳号であるから、その名号にあらわれた願心を信楽する一念に、如来の願行が回施せられるのであって、そこに信心には自ずから起行を具足するのである。まことに起行はせねばならぬものではなくて、自ずからせしめられるものである。

と語って、真宗信心に生きる者には、その信心がもつところの至徳具足の利益の必然として、たくましい社会的実践が、「せずにはいられぬ世界」として成立してくるといいます。このような発想は、上に見た真俗二諦論の諸説に重ねていうならば、信心が必然的に生活に露出してくるという、真諦影響説に属するものでしょう。

また稲葉氏は、教団には、必然的に、信者の行動原理を規定する、「掟」というものが生まれてくるといいます。そしてその掟とは、まさしく「如来の掟」であって、それは蓮如の論理でいえば、

王法は額にあてよ、仏法は内心に深く蓄よという態で説かれねばならぬのである。従って社会的存在としての教団は信仰を代表するものとして仏法を内心に深くたくわえよといいながら、それは内心であり、却って表面にあらわれる凡ゆる行為的行業の背後的な支えとして説かれ、表には常に王法を本とせよと説かれるのである。

ということであって、帰するところは、その「仏法と王法とは二元的ではなくて、常に一元的である」といいます。すなわち、仏法、信心とは、つねに内心に深くたくわえられるものであり、王法としての社会的実践とは、その内心の信心に支えられ、それに即一するものとして、表相に出現すべきであるというわけです。ここでは行動原理として、王法、政治権力にもとづく国家的体制的な価値体系が全面的に肯定されており、それに対する真

宗信心による相対化の視点はまったく欠落しており、まさしく伝統的な真俗二諦論の範疇の中の、真宗実践論の主張です。

ことにここでは「如来の掟」ということが語られますが、具体的には何を意味するものか。もともと「掟」というものは、他の諸宗教の掟が物語るように、それに従わない者は裁くという、絶対の権威、支配権力の存在を前提としてこそ成りたつものですが、阿弥陀仏の本願のどこに、そういう裁きの原理が存在するのか。真宗信心においては、しょせん「掟」というものは成りたつはずはありません。この論文もまた、まことに観念論的な社会実践論といわざるをえないでしょう。

ところで、西本願寺教団では、昭和五十九（一九八四）年の安居《あんご》（綜理・桐溪順忍）において、この「真俗二諦」をテーマとして取りあげ、判決文において、

真諦は衆生が阿弥陀仏を信仰して浄土に往生するという信心正因、称名報恩の教えであるから、これは衆生と仏との関係、すなわち超世間的教法であるといわねばならぬ。これに対して俗諦とは、人間生活における人倫五常の道徳を教えるものであるから、これは世間法であるといわねばならぬ。蓮師の王法為本、仁義為先といわれるのがそれである。以上のように真俗二諦にはそれぞれの立場があるが、この二諦にはたがいに相資相依、両輪両翼の関係があることを忘れてはならない。（中略）なお、当流

における真俗二諦は、歴史的にみて対国家の問題としてとりあげられてきたということができる。蓮師も常に王法を遵守すべきことを強調され、王法を俗諦とされたのであった。また広如上人の消息もいわゆる廃仏棄釈に対するものであったことも明らかである。随って俗諦とは単なる倫理道徳というのではなく、真諦門を得た念仏行者の人倫生活であるとみるべきである。（『昭和五九年度安居講業記』）

と決定しております。この安居における判決文とは、教団の伝統としては、その教学理解をめぐる最高の公式見解といわれています。しかしここでは、真諦とは、仏法としての「信心正因、称名報恩の教え」をいい、俗諦とは、世間法としての「人間生活における人倫五常の道徳を教えるもの」だといいます。そしてその両者は、相互に「相資相依、両輪両翼の関係がある」と明かします。また、その俗諦とは、ことには「対国家の問題」であり、「単なる倫理道徳というものではなく」て、蓮如は「王法を俗諦とされた」といい、念仏者は、よくその国法を遵守すべきことを教示されたというわけです。

しかしながら、そのような真俗二諦の理解が、かつて、ついには戦時教学として展開され、まったく体制埋没、自己喪失の真宗実践論にまで転落していったわけです。いままた、西本願寺教団が、かつての戦時教学に対して何の自己批判もすることなく、その俗諦を「王法」といい、「五常」といって、かつての封建体制社会における倫理徳目を語ることの時代遅れは、どうしたことなのでしょうか。西本願寺は、こんな時代錯誤の陳腐な発想をもって、この現代における真宗者の社会的実践を、よく指導しうると考えているのでしょうか。西本願寺教団の伝統教学が、いかに旧態依然として、そこには現代社会の大衆を指導しうる何らの新しい教学も確立されていないことを、ものの見事に証明するものでしょう。

三　これからの真宗教学の課題

これからのあるべき真宗学とは、何よりも、浄土真宗の原点としての親鸞の根本意趣に向って、的確に回帰することが肝要です。ことに、これからもっとも主要なテーマとなる真宗念仏者の社会的実践論については、すでに親鸞がその方向性について明確に教示しているところです。そしてそれは、真実信心にもとづく新しい人格主体の確立によって、まことの信心の「しるし」を生きることであり、またその展開としての世の「いのり」に生きていくことであり、そのことについては、すでに「第一章　真宗教義の原点」において、いろいろと論じたところです。ねがわくば、これからの真宗教学は、いままでの誤まれる真俗二諦論を廃棄して、親鸞のまことの意趣に立ちかえってほしいものです。

そして今後の真宗学が担うべき新しい課題としては、現代社会の問題としての夫婦・親子の関係崩壊にともなう家庭問題、子どもの将来にかかわって多くの課題が山積する教育問題、またさまざまな差別をめぐって考察、対処されるべき人権問題、現代においていよいよ深刻化しつつある自然破壊をめぐる環境問題、先端医療の発展にもとづいて生まれてくる生命操作をめぐる生命問題、今日なお世界の各地で生起する紛争をめぐる民族問題や政治問題、そしてさらには、いちじるしい国際化にともなって生まれてきた、諸宗教間の対話をめぐる宗教問題などがあります。いずれも、今後の真宗学にとっては避けては通れない重要な課題です。

このような新しい課題に取り組むためには、過去の伝統教学の殻から大胆に脱皮しつつ、まことの大乗仏教の原点と、親鸞の根本意趣に立ちかえりつつ、真宗信心の社会性をめぐって徹底した思索を深めつつ、新しい道を開拓していくほかはないでしょう。今後の真宗学徒のいっそうの精進を念じてやみません。

◎主要参考文献

信楽峻麿編　『近代真宗思想史』（法藏館）
信楽峻麿編　『近代真宗教団史』（法藏館）
信楽峻麿著　『親鸞における信の研究上』著作集第二巻（法藏館）
信楽峻麿著　『親鸞における信の研究下』著作集第三巻（法藏館）
信楽峻麿著　『真宗教義学原論Ⅰ』著作集第六巻（法藏館）
信楽峻麿著　『真宗教義学原論Ⅱ』著作集第七巻（法藏館）

あとがき

以上において〈真宗学シリーズ〉四冊を刊行いたしました。

まず『現代親鸞入門――真宗学シリーズ1』では、親鸞没後まもなくして京都に創立された本願寺教団とは、関東の親鸞直系の門弟教団に対抗するために、親鸞の曾孫の覚如によって、血の論理にもとづいて創められたことを説明いたしました。しかしそこでは、親鸞の信心、その教義領解を、確かに継承している者は誰もいませんでした。そこで覚如は、当時京都に教線を布いていた、証空の西山浄土宗に入門し、その教義を学んで新しく本願寺の教学を構築しました。この証空とは、法然の側近の弟子でありながら、法然や親鸞が流罪に処せられた時、自分もまた流罪に決定していたにもかかわらず、政治的にうまく立ちまわって流罪をまぬがれました。そして新しく西山浄土宗を開宗するにあたっては、叡山や奈良の旧仏教に妥協して、念仏以外の諸行でも浄土に往生ができると主張しました。恩師の法然を裏切った人物です。覚如は、新しく本願寺教団を創めるにあたり、このような証空の念仏義を学習し、それを摂取したわけです。

かくして本願寺教団はその創立の当初から、親鸞とは異質な信心と念仏の教義を語ることとなり、それがさらに存覚、蓮如と伝承されて、いっそう増幅されていったというわけです。これが『現代親鸞入門――真宗学シリーズ1』において明かしたところの基本の趣旨です。

そして次の『真宗学概論――真宗学シリーズ2』では、本願寺伝統の主客二元論の真宗教義理解が、親鸞の意趣に大きく背反し、まったくの誤謬であることを指摘して、大乗仏教としての一元論なるまことの真宗教義を明示しました。真宗とは、親鸞が「浄土真宗は大乗のなかの至極なり」(『末灯鈔』)と語るように、大乗仏教の流れを承ける教えです。その大乗仏教とは、自明のように生死即涅槃、煩悩即菩提として、絶対に矛盾対立するものが同時に即一するという即非《そくひ》の論理、一元論の立場に立つものです。

しかしながら、覚如によって導入された西山浄土宗の教義は、そういう大乗仏教とは無縁の主客二元論に立っているので、今日に至る東西本願寺の伝統教学は、その覚如・存覚・蓮如に従って、親鸞が明示したところの一元論の大乗仏教の論理を否定し、もっぱら仏と私、行と信、生活と信心、今生と後生などと二分割する二元論の真宗教義を語ってきました。そこでこの『真宗学概論』では親鸞の本義に立ちかえって、大乗仏教としての一元論の真宗教義を明らかにしたわけです。もって非仏教、虚妄なる真宗教義と、まことの大乗仏教、真実なる真宗教義との相違が、よく理解されることと思います。

次の『浄土教理史――真宗学シリーズ3』では、真宗における仏道、行道について解説したわけですが、親鸞はことに〈無量寿経〉の教説を重視し、それを承けた龍樹浄土教の教示を参照しつつ、まことの本願の仏道とは聞名不退の道であることを明確化したわけです。しかしながら、覚如・存覚・蓮如の真宗理解は、西山浄土宗を導入したところ、その行道論においては、真宗教義の原点としての〈無量寿経〉については何ら学習することもなく、そしてまた、それをめぐって親鸞が開顕した教説についても、まったく無知のままで、名号をもらうとか、称名するとかといって、肝心の聞名ということについてはいっさい語ることはありません。その点、今日の東西本願寺の伝統教学が語る真宗行道論は、真宗の本義からすればまったく脱線していて、虚妄の仏道を教説していることを指摘いたしました。

そして次の『真宗教学史――シリーズ4』では、親鸞没後の真宗教義については、覚如・存覚・蓮如によって親鸞の根本意趣から遠く逸脱、脱線して捉えられたところ、とくに近世教学においては、その行信理解、称名と信心の関係をめぐる理解がまったく二元論になって、親鸞における「行をはなれたる信はなしときさて候。又信はなれたる行なしとおぼしめすべし」（『末灯鈔』）と明かされる、行と信が即一するという一元論的な行信理解は、完全に否定されております。また近代教学においては、その社会的実践論についても仏法と王法の二元論なる真俗二諦論が主張されて、親鸞が明示した信心の「しるし」を生きよという、主体的、一元的な教説はまったく無視されており、今日でもなお東西本願寺は、非親鸞的な真俗二諦論を語っていることの誤謬を指摘いたしました。

私は、以上の四冊において、今日における東西本願寺の伝統教学は、おしなべていえば、親鸞の根本意趣としてのまことの真宗教義を伝承してはおらず、そこで語られている真宗教義とは、浄土の真宗ではなく、まったくの浄土の偽宗といわざるをえないことを論述いたしました。その点、かつて鈴木大拙氏が、「今日の本願寺の如きものは祖聖の志を相去ること実に幾千万由旬である。本山の祖師堂には愚禿は居ない。一人の親鸞は——もしそこに存《おわ》すとすれば——灯影裡で泣いてござるに相違ない。」（『日本的霊性』）と痛烈に批判したとおりであります。

かくしてこれからの真宗学は、すべからく、以上私が提起したように、〈無量寿経〉の原点に立ちかえり、また親鸞の根本意趣に明確に回帰して、現代社会の諸状況に充分に対応するところの、まことの真宗教義を構築するよう提案いたします。

しかしながら、私がここに提起した大乗仏教なる一元論としての真宗教義の開示、〈無量寿経〉の原点に立ちかえった行道論の解明、そしてまた誤った行信二元論の修正、さらには二元論なる真俗二諦論を廃棄して、親鸞が教示した信心の「しるし」を生きるという、まことの真宗者の社会的実践論を教説すべきであるという課題は、今日の東西本願寺の頑迷なる伝統教学においては、とうてい承認、受容されるはずもなく、相変わらず今後とも虚妄なる真宗教義が語りつづけられることでしょう。しかしながら、ここで私が提示した真宗教学研究の成果をまったく無視したままで、これからの教学がなお学問として成立するものでしょうか。そういう非仏教的、非親鸞的、非学問的な真宗教学は、必ずやがては自己崩壊していくことでありましょう。

問題は、学問の府としての龍谷大学や大谷大学の真宗学が、このような私の提案にどう対応するかであります。両大学とも、あれほどまでに脱線した戦時教学をまったく問わなかったほど、自己保身的な学者が多いところ、この問題もまた同じように多分に無視されることでありましょう。

しかしながら、真宗が大乗仏教であるとするならば、当然に一元論の立場に立ってその教義を再構築すべきでしょう。また〈無量寿経〉の教説を無視したままで、いままでのように、覚如・存覚・蓮如の行道論を語ってことがすむのでしょうか。また真宗の信心理解についても、何らの人格変容、信心主体の確立を語ることもなく、いままでのようにもっぱら来世往生を教えるのでしょうか。そしてまた真宗者の社会的実践論についても、真俗二諦論を語りつづけるのでしょうか。

ここに私が提示した学的研究成果をまったく否定して、なお今後のまことの真宗学が成立するものか。旧態依然たる教団内の発想からすれば、私の提案は排除できるとしても、まことの学問研究の立場、ことにインド学仏教学、さらにはまたその大乗仏教の根本原理、浄土教理史研究、真宗教学史研究の視座からすれば、とうてい無視できないのではありませんか。まして、それらのことを排除して、この混迷する現代社会の大衆の精神生活をよく指導しうる、新しい教学とその理論を確かに構築できるものでしょうか。

真宗教学が、現代社会にまことの真宗信心を伝え、世界の人々にまことの親鸞思想を明かすためには、何よりも真宗教学それ自身が、過去の覚如・存覚・蓮如中心の教学体質を脱皮して、新しく大乗仏教の原点に、そしてまた親鸞の根本意趣に、的確に回帰することが先決でしょう。ともあれそのことは、真宗学研究者一人ひとりの今後の生きざまにゆだねるほかはありません。

しかしながら、希《こいねが》くばたとえ一人でも二人でも、いま私がここに提案したところの諸点を考慮しつつ、また過去の誤れる教学を批判しつつ、まことの真宗学の樹立をめざして歩んでほしいと思うことです。そのことは伝統教学に対峙することである以上、きわめて厳しい道を歩むこととなると思いますが、すでに細い道ながら私が歩いた足跡があります。いろいろと障害はあることでしょうが、決して行き止まることはありません。ほんとうに親鸞の意趣に直参し、それについて真摯に研究しようと志すならば、この私の提示した研究成果の方向性をめざして、さらにはこの私を乗り越えてこそ歩んでほしいものです。

私の若いころからの実感では、この教団においては、真実を歩む者はつねに孤独です。しかし虚妄なる者はいつも群れています。問題はそのどちらを選んで生きるかです。真実か虚妄か。親鸞という人は、つねに真実、孤独の道を選んで生きていった人だと思います。終生流罪人の汚名を着ながら、晩年には息男の善鸞をも義絶したわけです。親鸞の歩いた道はまことに厳しい孤独の道であったことでしょう。しかしそこにこそ、見事に真実が輝いております。まことの真宗学者ならば、あまり世俗に妥協せずに、ひたすら真実を探ねて生きていってほしいと願わずにはおれません。

まあ京都の状況はそれとして、私はいま地方において、まことの真宗信心とその教学の研鑽を願う僧侶と、真摯に親鸞を学習しようとする信者たちによって、この『真宗学シリーズ』をテキストとする学習会が生まれていることに、深い慶びを覚えております。そのことはまことにささやかではありますが、ここにはほんものの真宗の再生が実感できます。

そのことをめぐっては、かつて近世に京都の本願寺教学が、仏教と神道と儒教は同じだといって三教一致論を主張していたころ、地方の心ある僧侶たちが門徒の神棚をおろして歩き、また太宰春台の『聖学問答』や正司考棋の『経済問答秘録』などによると、真宗の門徒は他の仏神を奉ずることがなかったといわれたように、そしてまた、かつてのアジア・太平洋戦争に際して、京都の本願寺が狂気のようにそれに賛同して旗を振っていた時、明確に仏教の立場を守って戦争に反対を表明した僧侶が存在したように、たとえわずかであっても、ほんものの真宗信心が伝統されることの大切さをしみじみと覚えることです。信心のない信者がどれほど多く集まっても意味のないことです。一人でも二人でも、まことの信心に生きる人が育つならばそれでよいのです。たとえ一人でも、ほんものの真宗者が存在するならば、必ずほんものの真宗が伝わっていきます。

ことにこれからは国際化の時代です。アメリカやヨーロッパの人々が、次第に親鸞に注目しはじめております。今後ともそれはいっそう加速することでありましょうが、そこでは、大乗仏教としての一元論的な親鸞の根本意趣こそが願求され学習されることで、二元論的、非親鸞的な覚如・存覚・蓮如の真宗が受容されるとは思われません。長い歴史の流れの中では、真実なるものはいつの日にか必ず開花し、虚妄なるものは必ずや衰退していくものです。そのことは過去の歴史がよく証明しております。これからは、この親鸞の思想とその生き方は、次第に世界性をもって注目され、多くの人々の心に浸透していくことでしょう。今後本気で真宗信心、その教義を学ぼうと願われる人々は、そういう確かな方向性を見定めてこそ、まことの親鸞の意趣、浄土の真宗を、しっかりと学んでいただきたいものと思うことです。本書に続いて、〈真宗学シリーズ5〉として、『真宗求道学』の刊行を予定しています。

なお末尾になって誠に恐縮ですが、このような〈真宗学シリーズ〉の刊行を領承してくださった、法藏館会長の西村七兵衛氏と社長の西村明高氏に深甚なる謝意を表し、またその編集事務を推進していただいた甘露の会の池田顕雄氏に心より御礼を申し上げます。

二〇一一年一月一五日

信楽峻麿

信楽峻麿（しがらき　たかまろ）

1926 年広島県に生まれる。1955 年龍谷大学研究科（旧制）を卒業。1958 年龍谷大学文学部に奉職。助手、講師、助教授を経て 1970 年に教授。1989 年より 1995 年まで龍谷大学学長。1995 年より 2008 年まで仏教伝道協会理事長。

現在　龍谷大学名誉教授、文学博士。

著書に『信楽峻麿著作集全 10 巻』『教行証文類講義全 9 巻』『真宗の大意』『宗教と現代社会』『仏教の生命観』『念仏者の道』（法藏館）『浄土教における信の研究』『親鸞における信の研究上・下』『真宗教団論』『親鸞の道』（永田文昌堂）『The Buddhist world of Awakening』（Hawaii Buddhist Study Center）その他多数。

真宗教学史　真宗学シリーズ4

二〇一一年二月一〇日　初版第一刷発行

著　者　信楽峻麿

発行者　西村明高

発行所　株式会社　法藏館

京都市下京区正面通烏丸東入

郵便番号　六〇〇-八一五三

電話　〇七五-三四三-〇〇三〇（編集）

〇七五-三四三-五六五六（営業）

印刷・製本　亜細亜印刷株式会社

ISBN978-4-8318-3274-0 C0015